ぼくたちに、もう社員は必要ない。

ひとり社長のビジネス拡大戦略

相馬一進

ぱる出版

はじめに

あなたには、こんな悩みはありませんか。

「今年はなんとか頑張って、そこそこの売上を上げられた。でも、来年もこんなに働かなくてはいけないのかと思うと、ゲンナリする」。

「売上をもっと伸ばしたい。でも、もうこれ以上は仕事を増やせない。いったい、どうしたらいいのだろうか」。

「今よりももっと頑張らないと、今と同じ売上額ですら維持できそうにない」。

このような悩みは、私が長年、のべ数千件もの起業支援コンサルティングをしている中で、多くの起業家から聞いてきたことです。

もしかしたら、あなたも同じような悩みをお持ちかもしれませんね。

もし、あなたが、「今よりもさらに労働時間を増やさなければ売上を増やせない」と考えているなら、収入の限界は目に見えています。

ご想像の通り、あなたの持てる時間すべてに仕事をパツパツに詰め込んで、その状態で得られる収入が、あなたの収入の限界です。**そして、その限界は、あまりにも近い。**

多くの起業家が、頭上の近いところにある限界を超えられずに苦しんでいるのです。

そもそも、どうしてこういう悩ましい状態になってしまうのでしょうか。もう少し細かく考えてみましょう。

それは、ビジネスとは、お手玉を回すようなものだからです。ここで言うお手玉とは、タスクの比喩です。

私が起業した頃のことを例にお話しします。

私は３つのお手玉を持っていました。

１つは「集客」という名のお手玉、もう１つは「販売」というお手玉、最後の１つは「サービス提供」というお手玉です。

ビジネスを始めた頃は、しなければならないタスクは、この３つぐらいしかありませんでした。だから、私１人でも十分に回していくことができました。

しかしビジネスが大きくなるにつれ、お手玉の数は増えていきます。「経理」のお手玉、「事務」のお手玉、そして「ホームページ運営」のお手玉と、4個、5個、6個と増えていくのです。そうすると、自分の時間はどんどん圧迫されてパツパツになってしまいます。

そしてあるとき、それは起こります。

お手玉が増えすぎて受け止めきれなくなり、床に落としてしまうのです。

つまり、そのお手玉のタスクに失敗するということです。

たとえば、「サービス提供」のお手玉を落としてしまいます。

あまりにも多くのタスクに気を取られてしまい、これまで配慮できていたお客さんに気持ちも手もまわらなくなるからです。

すると、お客さんへのサービスの質が下がってしまい、お客さんから苦情をいただくことになります。

このような状態で、収入や売上を増やそうと、さらにお手玉を増やしていくとどうなるでしょうか。もうおわかりですよね。次々と他のお手玉も落としてしまうのです。

これは私のケースだけではありません。このような状態になっている人を、これまで何度も目にしてきました。

あなたは、いつまでお手玉を1人で回しますか？

あなたもそろそろキャパオーバーなのではないでしょうか。

これが、自分の労働力と時間の限界が作りだす収入の限界のカラクリです。

では、どうすればその収入の限界を破ることができるのでしょうか。

端的に言えば、従業員を雇って労働力を増やすことです。あなたが働けない時間にも、あなたの代わりに働いてくれる人がいれば、収入の上限を引き上げることができます。

それが、一般的な会社組織の仕組みでもありますよね。

しかし、1人で小規模なビジネスをしている多くの人にとって、社員を雇うことは簡単なことではありません。それは、経済的なリスクを抱える怖い選択だからです。

私自身も1人ビジネスをしていた当時は、そう感じていました。

社員を雇うためにオフィスを借りたら、毎月、家賃を払わなければなりません。いいえ、たとえオフィスを用意せずに完全リモートワークで働いてもらうとしても、社員の給料が毎月の固定費としてのしかかってきます。

その固定費を支払っても、なお利益が出せるビジネスをしっかり確立していなければ、社員を雇うことは、逆に自分の首を締めてしまうことになりかねません。

だから、「1人ビジネスを続けて、クタクタになる限界まで働く」か、あるいは「経済的なリスクを覚悟して思い切って社員を増やすか」という、二択になってしまうのです。

そして、どちらを選んでも、大きなストレスを抱え苦しむことになるのです。

また、もう1つ考えられることは、仕事を外部のフリーランス（個人事業主）の人に委託することです。これを試してみる人も少なからずいます。

ところが、外部委託もなかなかうまくいかないことが多い。

他の人にお手玉を預けると、これまでは起こり得なかったようなアクシデントが起こり始めるのです。

たとえば、仕事の品質が悪くなってしまう。修正の依頼を何回しても満足な出来にならない。結局「こんなことなら、自分がやってしまったほうが早い」と、あなたがその仕事を巻き取ってしまうのです。

そうすると、お手玉を誰かに預けたつもりだったのに、結局またあなたのお手玉が増えてしまうだけです。その結果、どうなってしまうのかはおわかりですよね。

かつては私もそうでした。散々苦労をしてきました。

しかし、最近は、ある方法を取り入れたことで、そんな苦労は一切なくなり、ストレスフリーで私のお手玉を減らせています。

そして、その結果どうなったのかというと……

- 社員ゼロで、20人以上のフリーランスが仕事を回している。だから、固定費もゼロ。
- 私が指示や仕事の出来をチェックしなくても、各メンバーが自発的に判断して行動してくれる。
- それどころか、私の代わりに指示や仕事の出来のチェックを、してくれる人さえいる。
- 売上を立てる、福利厚生や会社の方向性を決める、といった事業の主軸にかかわることさえフリーランスのメンバーがしてくれる。
- 新規プロジェクトや売上がうまく立たなくなったときの立て直し策まで考えてくれる。
- 新しいメンバーの採用や面接も、私がしなくてもよい状態になっている。
- 離職率が極めて低い。20人のうち、年間1人辞めるかどうか。
- 完全リモートワークで監視ゼロにもかかわらず、各人がやりたい仕事しかやらなくてよい仕組みなので、モチベーションが高い。

これを読んで、もしかしたらあなたは「嘘でしょう」「ありえない」と思っているかもしれません。

実際、私は多くの起業家にそう言われてきました。もし昔の私がこの場にいたなら、同じように言うでしょう。

「嘘でしょう!? ありえない!」と。

私が設立した会社「株式会社エッセンシャル」は、コンサルティングやセミナーなどを通して起業支援をしています。実は、クライアントの企業にも、その成功した方法を伝え続けてきました。

そしてクライアントも同じような結果を出し始めています。結果を出している企業も多種多様で、次のような多業種にわたっています。

- 整体や整骨などの治療院
- 社労士や弁護士などの士業
- 独立系コンサルタントやコーチ
- ファイナンシャルプランナー
- 占星術／占い師
- ドッグトレーナー
- 企業研修の講師
- 美容院

細かく区別すると、のべ200業種の起業家にアドバイスをしてきました。通常では独立系コンサルタントの場合、クライアントの業種や手法を限定することが多い中で、多業種に渡るのは珍しいと言えます。

それはこの方法が、業種にかかわらず効果的であることの根拠になると考えています。

この本では、そんな夢のような方法について、具体的な内容や考え方をお伝えしていきます。かつての私のように、1人ビジネスを続けるか、あるいは、リスクを覚悟で社員を増やすか、その二択で苦しんでいるあなたに、第三の選択肢を提示できれば幸いです。

なお、本書ではエビデンス（科学的証拠）として、心理学などの文献や論文を多数引用しています。その理由は私1人の個人的な体験談ではなく、より多くの人に当てはまる普遍的で本質的な内容をお伝えするためです。

また、世の中の常識やビジネスの定石から少し外れた話も本書ではしています。そのため論拠をしっかりと書いて、納得していただきたい思いもあります。人によっては少し難しく感じるかもしれませんが、時代の風化に耐える内容になっていると信じています。

変化の激しい時代において、本書があなたのビジネスの選択肢の1つになれば幸いです。

相馬一進

『ぼくたちに、もう社員は必要ない。
ひとり社長のビジネス拡大戦略』

目次

第2章 グラデーション組織では社員はいない！ あるのはチームのみ！

第3章 1人ビジネス卒業のかなめ！グラデーション組織の作り方

第4章 実例紹介！グラデーション組織の運営の仕方

第5章

チーム運営の考え方

チームは善意でできている!

第1章

1人ビジネスで行くか？
社員を抱えるか？　それが問題だ！

社員ゼロでも、会社は大きくできる

社員数ゼロ。しかし、売上は年商で1億円を超える。

そんなことができると思いますか?

ビジネスをわかっている人ほど「そんなの無理だ! 信じない」と思うでしょう。

でも、エッセンシャルではそれを実現しています。

そして、その方法でさまざまな業種の企業を、社員数ゼロのままで大きな年商を上げるまでに導いてきました。

また、メンバー全員の仕事がリモートワークで完結しているため、満員電車から解放されて自由な場所と時間で働き、さらに言うと私がいなくてもビジネスが回っています。


今のエッセンシャルの状態を知る人は、「初めから順調にここまできたのだろう」と思うようです。しかし、実際はそうではありません。

少し、私の過去の話をさせてください。


私は大学を卒業したのち、百貨店に2年ほど勤めてから独立しました。起業した最初の

2年ほどは、本当に箸にも棒にもかからないような状態でした。朝から晩まで働いても、時給換算すると、スーパーのレジ打ちのバイトのほうが高いくらいでした。売上がゼロの月もありました。その後、会社をいくつか興しましたが、やはり苦労の連続でした。

現在の会社を設立したのは8年ほど前です。このときに、これまでの経験を踏まえて肝に銘じたことがあります。

それは、社員を抱えないこと、オフィスを持たないこと。

つまり、「**できる限り固定費をかけないようにしよう**」と心に決めたのです。

固定費とは、売上が発生しなくても出ていくお金のこと。これがあると、業績が悪化した場合にたちまち経営が苦しくなります。

例えて言うなら、会社員が会社をクビになったような状態。お金は入ってこないのに、家賃は出ていき、家計が火の車になるようなイメージでしょうか。

それを避けるためにも「固定費をかけずに、自分の自由な時間は確保して、会社を大きくすることはできないか」と考えたのです。

また、これまでの経験から学んだことがもう1つあります。

それは、矛盾するように聞こえるかもしれませんが、**「どんなビジネスでも、1人ビジネスのままでは、会社は大きくならない」**ということ。

私は社員ゼロで会社を大きくしてきました。しかしそれは、1人ビジネスから脱却したからこそ、会社を大きくすることができたのです。

「社員ゼロなのに1人ビジネスではないなんて、どういうこと?」と思うかもしれませんが、その本質はシンプルです。社員ではなくて、外注の業務委託という形でビジネスをするのです。

実は、エッセンシャルには業務委託で20人以上のチームメンバーが関わってくれています。「なんだ、そんなことか」と思ったかもしれませんが、これは本当に大変なことなのです。

イメージしてみてください。社員と、外注の業務委託と、どちらのほうが会社へのロイヤリティ(忠誠心)が高いでしょうか? あるいは、仕事の辞めやすさはどうでしょうか?

一般的に社員のほうがロイヤリティが高く、会社に留まりやすいと思いませんか?

それは、社員に対しては毎月安定した給料を払っているからです。社員ならば、「少し嫌なことがあっても、安定した給料のために頑張ろう」と思ってくれるでしょう。

しかし、業務委託ではそうはいきません。良い意味で対等の関係になるので、気に入らなくなれば簡単に契約を打ち切って去っていきます。


ですから、業務委託のまま会社を大きくしていくのは、固定費が発生していない分だけ難しいのです。事実、エッセンシャルでも苦労の連続でした。

だからこそ、あなたがそういった苦労をしなくて済むように、この本にノウハウや考え方をまとめることにしました。私の失敗や苦労を礎としていただきたいからです。

嫌いな仕事は、早く手放したほうがいい

1人で仕事をする限界については、本書の「はじめに」でもお伝えしました。複数のタスクを1人でお手玉のように回していたら、どこかで、お手玉を落としてしまうことになる。どれも落とせない大切なお手玉であるにもかかわらずです。

1人ビジネスを続けるデメリットは、それだけではありません。**1人でビジネスを拡大**

しようとすると、嫌いなお手玉がどんどん増えていくのです。

たとえば私は、何かをゼロから作り出すようなクリエイティブな仕事がとても好きです。そして、それは私の強みでもあります。この本を書くような執筆の仕事は、何時間でも続けられます。

一方で、事務や経理などの仕事は、苦痛で嫌で仕方がありません。月末に税理士に提出しなければいけない領収書をまとめるだけでも、1週間以上かかってしまうくらいです。

さて、今の会社は1人ビジネスからのスタートでした。当然、事務は自分でやらなければなりません。なんとか気分を変えて頑張ろうと、スターバックスにノートパソコンを持ち込んで仕事をしていたものの、嫌で仕方がありませんでした。

そのため、私は当時、こう思っていました。「会社を大きくなんかしたくない」と。

売上を増やしたら、それにともなって嫌いな仕事も余計な仕事も増えてしまうからです。売上が倍増したら、嫌いな仕事も余計な仕事も倍増というわけです。

本心では「売上を上げたい」とか「収入を上げたい」という思いもありました。そして、「もっとお客さんに貢献したい」気持ちもありました。

それでも、嫌いな仕事を増やしたくないあまり、その気持ちにブレーキをかけてしまっていたのです。そして「足るを知ることが大切だ」とか「身の丈レベルの幸せがちょうどいい」と自分に言い聞かせていたのです。今思えば、それは自己欺瞞《じこぎまん》でした。

自己欺瞞というのは心理学用語ですが、本心ではないことで自分を説得していたのです。

1人ビジネスでは、嫌いな仕事もしなければならない。

あたりまえのことのようですが、この事実が私たち起業家の足を大きく引っ張るのです。

これは私に限ったことではありません。

私のあるクライアントは治療院の代表で、ウェブ集客に悩んでいました。整体の仕事に情熱はあるものの、ウェブ集客のことが全くわからない、と。

同じ商圏内の同業他社が、美しく整ったウェブサイトやお客さんの気を引く動画で集客に成功していたため、危機感をつのらせていたのです。

とはいえ、もともとウェブ集客にはあまり興味がわかないというその女性。本を読んで実践しようとするものの、嫌々取り組んでいるので、ついつい先延ばしにしてしまう。これでは、成果が出るはずもありません。

その治療院の代表もまた自己欺瞞をしていたのです。本心では「集客は嫌い」と感じていたのに、「社長の仕事は集客である」と自分を説得して、頑張ろうとしていました。けれども、本心には逆らえず、先延ばしにしていたわけです。

ところで、やらなければならないけれど苦手なことを先延ばしにしたときに、自己嫌悪に陥ることはありませんか？

苦手なことの「先延ばし」を自分の良くないクセだと思い、自分を責めたり、さらに自分を叱咤激励したりする人も少なくありません。

実はこれが落とし穴なのです。

「先延ばし」は、人間の脳のメカニズムにより引き起こされます。具体的には、扁桃体という脳の部位が働いています。

私達が苦手なことに取り組もうとしているとき、脳内では不安なことに対する防御反応が働きます。人の脳は「不安」を「危険信号」だと感じるのです。

たとえば、マツタケ狩りに山の中に入ったとします。そこで大きな熊が現れたらあなたはどうしますか。

おそらく熊に見つからないうちにと、一目散に逃げるのではないでしょうか。

この時、あなたの脳内では、熊という大きな危険や恐怖、不安に対して「戦うか」「逃げるか」の選択肢から、自分を守るため瞬間的に「逃げる」判断がなされています。

この脳内の働きを「闘争逃走反応」といい、文字通り「戦うか逃げるかの反応」をしているのです。これは極限の状態に限らず、日常生活でも起こります。

あなたが苦手なことを先延ばししたり、その作業を苦痛に感じてしまったりするのは、「先延ばし癖」でも「根性が足りない」のでもありません。苦手なことに取り組む不安に対して、自分を守ろうとする闘争逃走反応が働き、「あとにしよう」という意思決定をしているのです。

だから、**苦手なことをしようとすると、人はなかなかスムーズに進められなくなります。頑張れない自分を責めてしまう人もいますが、頑張れなくてあたりまえ**なのです。

とはいえ、ビジネスに必要な仕事や作業は多岐に渡ります。その中には必ずと言っていいほど、あなたの苦手なことが含まれています。これが実にやっかいなのです。

私にとっては事務や経理の仕事、治療院の代表にとっては集客の仕事がそうです。これらの仕事をしようとするとついつい「あとにしよう」と考えてしまうのです。
この傾向は職人肌の人ほど特に顕著で、自分の専門分野以外は興味がもてないのです。だからこそ専門分野を深くつきつめて、それが誰よりも得意になっている由縁だともいえます。

「嫌な仕事がこれ以上増えるぐらいだったら売上を伸ばさなくてもいいや」とブレーキをかけてしまうことになるのです。

優秀な人ほど「器用貧乏」になる？

さて、その一方で、器用にいろいろなタスクをこなせてしまう人もいます。
私のクライアントにも、新しい仕事が発生してもすぐにそのコツを掴めるコンサルタントがいます。もともと頭が良く勘所をつかむのが早いため、どんな仕事でもたいていうまくやれるのです。

その人がおそらく本当にやりたいことはコンサルティングの仕事です。しかし、実際はコンサルティング以外の多種類のタスクをこなしていました。

メールマガジンを書く、動画を撮って公開する、ウェブサイトを作る、顧客対応をするなど、あらゆることをしていました。知らないことがあると、その分野の本を大量に読み、ポイントをおさえやってみる。するとたいていのことはできてしまうのだそうです。

私はそのコンサルタントにこう尋ねました。

「あなたが、本当にやりたい仕事は何ですか」。

その人は、質問の意図が飲み込めない様子でした。「起業したら何でも自分でやらなければいけない」と思っていたからです。本当にやりたいことは何なのかなど、考えてもみなかったようです。

仮に仕事を外注するにしても、「まず自分がその仕事を覚えて、勘所をつかんでから外注しないといけない」と考えていたのです。

こういう考え方をしている人は、とても多いです。良い大学を出た人ほど（なんでもできてしまうので）、この傾向があります。

しかし、**何でも自分が把握してからでないと依頼できない、という考え方をしていると、**

会社の成長スピードは、とても鈍くゆっくりとしたものになってしまいます。

どんなに優秀な人でも、集客について学ぶまで半年から1年はかかるでしょう。するとその間、集客が止まってしまう。それであれば最初から集客が得意な人に委任をしたほうがいいですよね。

あるいは、もし仮に自分がコツをつかむまでに3年かかるような仕事があったらどうなるでしょう。3年もの間、その仕事は進まないことになります。

言葉は悪いですが、いくら優秀でもこんなやり方をする人は「器用貧乏」と呼ばざるを得ません。

何でも器用にこなせるがゆえに、自分の得意分野にフォーカスすることができない。そして苦手分野まで自分でやっていた結果、ビジネスの成長スピードが遅くなってしまうのです。

私は、そういう器用貧乏な人に問いたい。

「もしあなたが、あなたのもっとも得意で情熱があることにフォーカスをして、それだけに集中することができたとしたら、あなたの会社の売上はどれほど上がるでしょうか。あなたの生産性はどのくらい高くなるでしょうか」。

そして、こうも問いたい。

「もしあなたが、苦手で情熱が持てないことを手放せて、そこに費やしていた時間やエネルギーを得意で情熱があることに費やせたら、あなたの会社はどう変わりますか」。

これは優秀な人ほど、気をつけてほしいのです。

「私は、なんでもコツをつかむのがうまい。たいていのことは上手くやれる」と考えている人ほど器用貧乏に陥りやすいからです。

今すぐビジネスを仕組み化せよ

加えて私が多くの起業家や個人事業主からよく聞く話は、自分の仕事が限界まで詰め込まれて、キャパオーバーになっている話です。ビジネスの仕組み化をする時間もなく、先延ばしになっているものです。

会社の繁忙期で「この1か月はどうしようもなく忙しい」という時期があるのは理解できます。そんな時期には仕組み化をしている余裕はないでしょう。

しかし、半年も1年もずっと多忙で、「時間がないから」と仕組み化を先延ばししていたら、いつまでたってもそのままの状態が続きます。時間を作ることなどできません。

「木を植えるもっとも良い時期は、20年前である。次にいい時期は今である」という中国のことわざがあります。

ビジネスの仕組み化をする最良のタイミングは起業したての頃です。そして、次に良いタイミングは今なのです。

今、仕組み化をしなければ、結局いつまでたっても、あなたは忙しいままです。賢明なあなたなら、そのことに気がついているはずです。

私のクライアントに、講座ビジネスをしている男性がいます。その人が言うには、1年を通してずっと忙しいのだそうです。

まず講座が始まるまでの間は募集期間なので集客や販売に忙しくて余裕がない。募集期間が終わったら今度はサービス提供期間、つまり講座が始まります。講座期間になると、今度は参加者のサポートに忙しくて余裕がない。

それが過ぎると次の募集期間になり、また集客や販売に忙しくなる。ずっと、それを繰り返しているのですから、いつまでたっても仕組み化ができないのです。

いつまでこれを続けるのでしょうか。おそらくいつまでもずっと続けるのでしょう。1年後も、2年後も、3年後も、仕組み化に取り組まない限り、同じことの繰り返しで、いつまでたっても時間に追われる日々が続きます。

時間がないからビジネスの仕組み化ができないのか？　ビジネスの仕組み化をしていないから時間がないのか？　本当はどちらでしょうか。

ビジネスの仕組み化ができない本当の理由は、多忙だからではなく、方法がよくわからないからではないでしょうか。仕組み化の知識がない、本を読んでも自社に合う方法がわからない。だから先延ばししてしまう。

「先延ばし」には解決策があります。テキサス大学の心理学者、クリスティーン・ネフが提唱する「セルフ・コンパッション（自分への優しさ）」という心理療法のテクニックです。「完璧でなくても大丈夫」とか「まあ、仕組み化に失敗してもいいよね」と自分に対して優しい言葉をかける方法です。

自分に厳しい人ほど「自分を甘やかしたら、自分は動かなくなってしまう。もっと自分に厳しくしなくては」と思うかもしれませんが、実際は逆なのです。

イメージしてみてください。あなたがなにかをやり遂げた後に、「この部分が不十分だ」とか「誰かと比べて、まだまだだ」と自分自身に対して言葉のムチを打ってしまったらどうなるでしょうか?

あなたの本心は、「どうせやり遂げても、つらいことしか起こらない」と考えてしまいます。その結果、「言葉のムチを受けるくらいなら、取り組むのは最初からやめておこう」と考えてしまうわけです。


しかし、仕組み化という、自分が全く知らないことに挑むのですから、先延ばししてしまうのも無理はありません。仕組み化は難易度の高いタスクだからです。

他人と比べるのでもなく、自分を傷つけるのでもなく、自分への優しさをもって仕組み化に臨んでいただきたいのです。


本書は、まさにこのような悩ましい状況にいる人のためのものです。あなたがどうやって、自分に合った形で、どのように仕組み化をすればいいのか、ぜひ知っていただきたい。その方法を知り、ストレスフリーでビジネスを大きくしていけるとしたら、きっとすぐにでも取り組みたくなるはずです。

あなたは、今すぐに仕組み化に取り組んだほうがいい。私は強くそれをおすすめします。

「このくらいの収入でもう十分だ」は本心か?

年収が1千万から2千万円あたりの起業家には、「私の収入はこのくらいでもう十分だ」と思っている人も多いと思います。

それは、収入と幸福の関係には限界効用逓減《げんかいこうようていげん》の法則が働くからです。つまり、収入を増やし続けても、幸福度は右肩上がりに上がり続けるわけではないということです。

これは、日本でもアメリカでも同様です。だいたい年収1千万円を超えると、ほとんど幸福度は上がりません。

起業支援コンサルタントとして、多くの起業家を見ていてもわかることですが、優秀な人は年収で1千万円を割とすぐ超えます。しかし、その後いくら年収を上げても人生の幸福度は上がらないことに気がつきます。いくらハードワークをしても変わらないのですから、働くことに嫌気がさしてきます。

そうなると、会社を大きくしても仕方がない、これ以上のビジネスはしたくないという気持ちが出てきます。

前述したとおり、私も事務の仕事が本当に嫌でした。会社を大きくしてさらに嫌な仕事を増やすくらいなら、今のままの収入を維持する程度にしておいたほうがいいと考えていました。

ところが、ビジネス規模を成長させながら、さらに幸福になれる方法があったのです。それに気づくと「この程度でやめておこう」というブレーキが外れ、「会社を大きくしたい」という気持ちが蘇ってきました。

収入と幸福度の関係

ノーベル経済学賞を受賞した
ダニエル・カーネマンの研究を模式化したもの

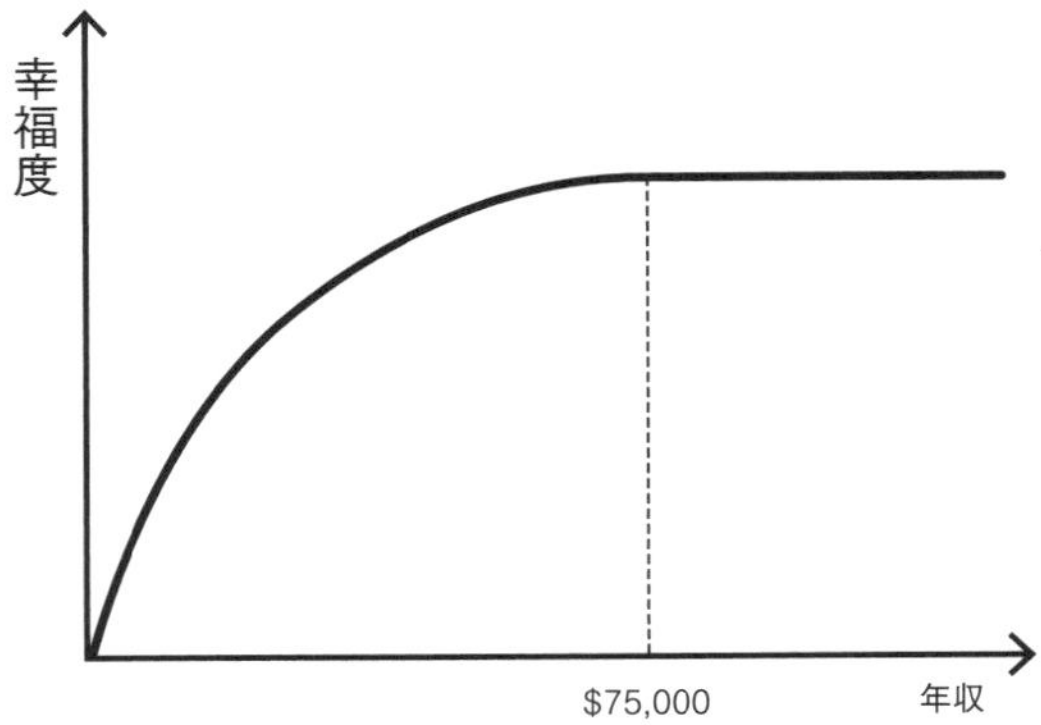

私がブレイクスルーしたきっかけは、私がやりたくない仕事を安心して任せられるチームメンバーを見つけたことでした。

多くの起業家を見ていて私が感じるのは、**ビジネスがブレイクスルーする瞬間の1つは、自分の苦手分野をビジネスパートナーや社員に任せることができて、本当に自分が得意で情熱を持てるところに集中できたとき**です。

「今まで年商が何年も伸び悩んでいたのに、苦手な仕事を任せたら急に売上が伸びるなんて、信じられない」という声を、私はクライアントからたくさんもらっています。

まるで家電の待機電力のように、苦手な仕事の存在は、気づかないうちに私達を消耗させているということです。

もしあなたが「今ぐらいの収入で十分だ」と諦めているなら、ぜひ自問してもらいたいのです。「もし今のビジネスで自分の嫌いなことや得意ではないこと、情熱が持てないことを誰かが代わりにやってくれるとしたら、収入をもっと上げたくならないか」と。

あなたがもっとも得意なこと、好きなこと、情熱が持てることに今よりももっともっとフォーカスできるとしたら……。その結果、さらに収入が上がり、さらに自由な時間が増えるとしたら……。

おそらく、「それなら、会社を大きくしたい」と思うはずです。「1人ビジネスとは所詮こういうものだ」という思い込みから頭を切り替えられれば、それは実現します。

本当にやりたいことを押し殺し、ほどほどで小さくおさまり、「これでいいのだ」と自己欺瞞の理屈で自分を洗脳してしまっている起業家がいかに多いことか。

実にもったいない。

そういう人たちが、自分の強みを生かしてより社会に貢献できるようになれば、もっと良い社会ができると私は信じています。

これは、あなたのこれからを決めるとても大切な質問です。自分の気持ちをしっかり見つめて、あなたの本心を答えてほしい。

「本当に今のままで、あなたは満足ですか」。

もしかしたらあなたは、「過去に知人に声をかけたけれどうまく働いてくれなかった」とか「採用媒体を使ったけれど、お金と手間だけかかってうまく採用できなかった」という経験があるかもしれません。

そんな人でもうまくいく方法を本書で後述しています。

社員を雇っても、仕事の質が気にかかる?

ここまで読んでくれたあなたなら、「やはり1人ビジネスは限界だな」とか「苦手な仕事を誰かに委任したい」という気持ちになっていることでしょう。

それは本当に素晴らしいことだと思います。しかしその一方で、誰かに仕事を委任するとなると、その仕事の質が気になりますよね。

何をかくそう私がそうです。

コピーライターが文章を書いてくれても、文章のニュアンスが気になります。あるいは、ウェブデザイナーが制作してくれたウェブページを見て「この画像が気に食わない」と感じることがあります。

しかも、それが売上に影響するようなセンターピンであればなおさらです。

センターピンはビジネスでよく使われる例え話です。ボウリングで、「センターピン(1番ピン)さえ倒せば、ストライクにならずとも7、8本は倒せる」というところからきています。つまり、これさえ押さえておけば、70％から80％の成果が出せるという意味です。

誰かに何らかの仕事を外注したときに、その人がセンターピンを外してしまったら依頼した意味がありません。だからといって、細かく指示をする役割をあなたが担ってしまうと、あなたはまるでチェックマシーンのようになってしまいます。

そして**あなたが優秀なチェックマシーンであればあるほど、周りの人はあなたに依存してしまいます。**

「最終的な出来はこの人がチェックしてくれる」「とりあえず大雑把に仕上げても、ダメな部分はこの人が指摘してくれる」と思ってしまうからです。

あるいは、周りの人がネガティブな人だったら「どうせ私が仕事をしても、この人がダメ出しをしてくる」と感じるかもしれません。

こうなると、仕事を委任したはずなのに、結局あなたがチェックをしないと仕事が進まない状況になってしまいます。たとえばあなたが会社を休んでいると、あなたのチェック待ちで仕事が滞ってしまう。おちおち旅行もできない。病気にでもなろうものなら、その瞬間に仕事が止まってしまいます。

ではチェックするのを止めて、誰かにすべて丸投げしてしまえば良いのかというと、そうもいきません。委任は丸投げとはちがうからです。

まず、丸投げできるほど優秀な人はなかなか見つかりません。そんな人は、とっくに他のビジネスで成功しているか、どこかの大企業で働いているはずです。私達のような小さなビジネスでは縁遠い人材です。

また、たとえ優秀な人でも、方向性がずれていたら、完成間近ですべてやり直しになってしまうこともあります。そうなると、あなたが苦労するだけでなく、相手のモチベーションも下がってしまいます。

このように、**仕事のチェックは、うまく仕組み化しないと非常に難しい問題です。**

本書では、組織のメンバーが外部委託の人たちでも、あなたが仕事をいちいちチェックしなくてもいい仕組み作りの方法をお伝えします。もちろん、リモートワークでもそうでなくても実現できる方法です。

ハードワークは充実している証拠？

成功している起業家は、おおむねハードワーカーです。中には、他のメンバーに仕事を委任できている人もいますが、ほとんどの起業家は創業当時には大量の仕事をしていることが多いと思います。

私も昔はかなりのハードワーカーでした。特に年収1千万円を超えるまでは、仕事をすればするほど収入が増えていくことが、楽しくて仕方がありませんでした。今考えると文字通り「現金な理由」で働いていました。

ただ、年収が1千万円を超えたあたりから、「たとえ収入がもっと増えるとしても、もう、このハードワークの生活にはうんざりだ」と思うようになってきました。

特に労働集約型（自分の労働が収益になる）ビジネスは、収入を2倍にするには2倍、3倍にするには3倍、自分が働くしかありません。

当時の自分を振り返ってみると、私は自己欺瞞をしていたようです。「仕事が好きだから、人の倍仕事をしている」「仕事がたくさんあって充実している」と。

今では、働いている時間は半分ほどに減っているにもかかわらず、収入は倍以上になっています。それは、自分の得意なことだけに集中できているからです。私は人前で話したり文章を書いたり本を読んだりすることが好きなので、それらに集中して、それ以外のことは他の人がやってくれています。会社設立当初とは、まるで変わっています。

これは自慢しているわけではなく、以前の私のように「仕事が好きだから、人の倍仕事をしている」と自己欺瞞をしている人に呼びかけたいだけなのです。**「たしかに仕事は好きなのだと思いますが、仕事の中に自分の嫌いな仕事が混じっていませんか」、「その嫌いな仕事の部分だけでも手放したらどうでしょうか」**と。

私も仕事がとても好きですし、生涯現役と考えていますが、それは好きな仕事に限った話。嫌いな仕事について言えば、他の人に任せられるようになって、本当に幸せだなあと感じています。

それは、最初はにわかには信じられなかったのですが、私が苦手な事務や経理の仕事を、楽しんでやってくれるチームメンバーがいたからです。

そのメンバーが事務の仕事が好きな理由は、「コツコツと進められ、着実に進捗を感じられるから」。私がクリエイティブな仕事が好きな理由と正反対で、その意外さに驚いてしまいました。

私はチームメンバーにヒアリングしたときに、**「私が苦手な仕事は誰かの天職」「私が苦手な仕事を楽しんでやってくれる人を探すことが大切だ」**ということが、本当の意味で腑に落ちました。

そして、これが社会貢献の最初の一歩だと気づいたのです。自分もチームメンバーも自分が本当に得意なタスクにフォーカスでき、かつ苦手な部分を支え合う。

これによって生産性が高くなるので、双方ともに時給も上がったり、労働時間を減らせたりするのです。そして、それ以上に重要なのが、仕事での一体感や充実感を生み出せること。

自分の苦手な仕事を抱えているのではなく、それを手放すことが（たとえ自己満足だったとしても）社会貢献の小さな一歩になるとしたら、やってみたくなりませんか？

フローに入れる仕事だけをせよ

自分が得意で、かつ挑戦的な仕事をしていると、強い集中状態になり、フローに入るこ

とができます。

フローとは、アメリカの心理学者のミハイ・チクセントミハイ博士が提唱した、「時間を忘れて没頭する感覚」のことを指します。ゾーンとも言われます。

たとえば、テニスに夢中になって、気がついたら時間を忘れてプレイしていた、というようなことがありますね。これがフローに入った状態です。このとき、人の脳内にはエンドロフィンやドーパミンが分泌され、とても気持ちよくなるのです。

エンドロフィンは、脳内で働く神経伝達物質の一種で、モルヒネの6・5倍の鎮痛効果があるほか、気分の高揚・幸福感などが得られるため、脳内麻薬とも呼ばれています。

マラソンで苦しい状態が一定時間以上続くと、「ランナーズ・ハイ」と呼ばれる現象が起こります。これは脳内でストレスを軽減するためにエンドロフィンが分泌され、やがて快感や陶酔感を覚えるためです。

そのほかエンドロフィンには、集中力アップやストレス解消、記憶力アップ、NK細胞活性化の効果があると言われています。

ドーパミンも同じく神経伝達物質ですが、こちらは一言で言うと〝やる気ホルモン〟です。「快感や多幸感を得る」「意欲を作ったり感じたりする」「運動調節に関連する」といった機能を担う脳内ホルモンのひとつです。

フローに入るとこれらが分泌され、時間を忘れ、非常にリラックスしながらも集中した状態になります。**自分が得意で、かつ挑戦レベルが高いことをしているときには、フロー状態に入りやすい**とミハイ・チクセントミハイ博士は提唱しました。まさに、理想の心理状態ですね。

私は最近、フローに入る時間が多くなったので、仕事をしていて本当に楽しくて仕方がありません。前述したように以前は自己欺瞞で乗り越えてきましたが（笑）、今は本当の意味で、好きな仕事がたくさんあり充実した毎日を送っています。

とはいえ、ハードワークになると疲れてしまうので、そうならないようにしています。だから、私は本当に得意なことや好きな仕事、フローに入れる仕事だけをして、それ以外の仕事は他のメンバーにどんどん任せるようにしています。

こういう話をすると、他の起業家たちから「本当に羨ましい」と言われます。しかし、私も昔は、好きではない仕事をしている時間がとても長かったのです。働いている時間と内容をカレンダーや手帳にまとめていましたが、それを眺めて「嫌々している仕事の時間が長いな」とため息をついていました。

そこから脱出するための第一歩は、自分のカレンダーや手帳を眺めて、**どういうことをしているときにフローに入れるのか、逆にどういうときはフローに入れないのか、これを見分ける**ことです。

そして、フローに入れない仕事は、「いずれ誰かに任せる仕事だ」と覚えておくのです。すぐに任せられる人が見つかることは少ないでしょうが、いずれ手放せると思うと、少し気が楽になりますよね。

カリスマ社長ほど、社員を思考停止させる

これは、私のセミナーに来てくれたある経営者の話です。

その人は、SEOを使ったウェブメディアを運営していました。SEOとは自社サイトを検索エンジンで上位に表示させることです。そこから記事を読んでもらうことで広告収入が発生するビジネスモデルでした。

その人は優秀な人で検索エンジンにも明るかったので、勉強し続けて検索エンジンで上

位表示できていました。私もウェブメディアを運営し、月間１００万ページビューを獲得していましたから、検索エンジンについてはそれなりに詳しく知識があるほうです。そんな私が見てもその経営者のＳＥＯの知識は群を抜いていました。

その人からの相談はこういう内容でした。

「社員が誰も自分で考えてくれない。何があっても私に意見を求めてきて、自分で考えて物事を進めることができない」。

ＳＥＯには「正解」があるわけではなく、毎回テストし続けるしかありません。なぜなら、グーグルなどの検索エンジンはアルゴリズムを公表していないので、実際にテストした結果から、アルゴリズムを想像するしか方法がないからです。

「テストしてみるしかないにもかかわらず、『正解』を社員が求めてくる。テストしてみてほしいと言っても、どうやってテストすればいいかを考えられる社員がいない。結局、『社長の気に入ったやり方でいきましょう』と話が決まってしまうのが本当につまらない」とこぼしていました。

なぜ「つまらない」のか？　社員を自分の思う通りに動かしたいという自己愛の強いダ

メ社長もいますが、優秀な人ほど他の人の意見に耳を傾け、より良い意見を出そうとするものです。

しかし、**社長がカリスマ化すればするほど、周りの人は思考停止に陥りがち**です。「社長が言うことは『正解』だから、言うことを聞いていればいい」と考えるからです。

結論から言うと、その会社はその後、変化しました。さまざまな情報を社内で公開するようにしたら、状況が変わっていったのです。

具体的に言うと、ウェブメディアのページビューがどうなっているのか、ユーザーがどれくらい来ているのかなどのデータを社員に公開したり、社長が知っているＳＥＯの情報を公開したりして情報を共有したのです。

すると、社員は数多くの判断材料が手に入るようになり、自分たちで少しずつ考えてくれるようになっていったそうです。

それから約1年が経過し、ある程度難易度が高いタスクでも、社員が自分で考えて行動できるようになったと報告をいただきました。

つまり「周りの人は何も考えてくれない」というのは、社長がカリスマ化していたり、社長にだけ情報があって周りの人には判断材料がなかったりすることがほとんどなのです。

もしかしたら、あなたが周りを思考停止させてしまっているのかもしれませんね。

社長が権力を握るほど、会議が多く長くなる

起業家になるような人は、多かれ少なかれ権力を握りたい欲求があるのではないでしょうか。何でも自分が決められる権利を持っていると、人は心地良さを感じるものです。

自己決定理論と言いますが、「自分で何でも決められる権利（裁量権）」は私たちのやる気と大きな関係があります。


たとえば社長のように何でも決められる人に比べ、末端の社員は裁量権が小さい。そうすると社長や役員のほうが人生の幸福度が高く、健康寿命も長くなります。

イギリスのロンドン大学がストレスと死亡率の関係を解明する目的で1967年からおこなってきた公務員対象の疫学調査があります（被験者は、ロンドンの官庁街で働く約28、000人）。

ここで明らかになったことですが、職位での上位層（裁量権の多い人たち）と下位層（裁

量権の少ない人たち)では、死亡率に少なくとも2倍以上の開きがありました。

また『選択の科学』の著者、米コロンビア大学のシーナ・アイエンガー教授はこのように言います。「**自分で自由に決められる権利がある感覚は、働く人のやる気を喚起し、仕事や人生の満足度を高めるうえで非常に重要な役目を担っている**」と。

このように、自分が何でも決められる権利を持ちたいのは、人間としてあたりまえの欲求です。

しかし、ヒエラルキーはしばしば問題を引き起こします。

たとえば、権力や報酬と引き換えに、社長は会議の数が非常に多くなってしまいます。なぜなら、ヒエラルキー組織の下位層は決定権がないからです。

その結果、難しい問題は社長がすべて決めなければなりません。必然的に、決定するための会議が必要になります。ですから**社長の権力が強いところほど、会議の回数が多く会議時間も長くなります。**

これは、社長がその問題を作っていることを認識しない限り、改善しません。「毎日、毎日、会議ばかりだよ」と不平を口にしている社長は、「私は権力欲がとても強く、人の上に立とうとしているので、こういう状況になっている」と言いふらしているようなものです。

一方で、ヒエラルキーが強い会社で見られる別の問題は、末端の社員ほど「私は、会社から信頼されていない」という意識になっていることです。

あらゆることを自分一人では決められず、会議の場で「上」の決定を待つことになるからです。これでは、**末端の社員は自己決定感が非常に低く、仕事の充実度も下がってしまいます。**

私の会社エッセンシャルではそういうことがないように、仕事を依頼しているフリーランスの人にも、私と同じような決定権を持てるようにしています。

それは、たとえば会社の価値観を決めるときでも、高額な決済をするときでも、私と同じような裁量権を持っています。だから、私のチームメンバーはとても自己決定感が強いはずです。

このように、メンバーに裁量権を与えることは、社長にとっても、メンバーにとっても、働きやすい会社を作ることにつながるのです。

第2章

グラデーション組織では社員はいない！あるのはチームのみ！

会社ではなく、チームだという意識を持つ

エッセンシャルでは社員を雇用していません。社員はいませんが、20名超のメンバーで組織化しています。そして、メンバーは全員、フリーランスや外部の起業家たちです。

このような形態の会社は日本ではまだ少ないのですが、海外では珍しくなく、年々増加しています。

たとえば、シリコンバレーでは、何かのプロジェクトがスタートしたときにメンバーが集まり一緒に働き、プロジェクトが完了したらプロジェクトメンバーは解散する形の組織もあります。

アメリカでも、以前は「会社」が社会の受け皿になっていました。しかし、今、社会の受け皿として、「プロジェクト」が少しずつ増えてきているのです。

エッセンシャルでも創業時からずっと、プロジェクトの始まりとともに人が集まり、プロジェクトの終わりとともに人が去っていくスタイルをとっています。

少し詳しい人であれば、「そのやり方は、ＩＴが強いテクノロジー系の会社でないと難

しいのではないかな」と思うかもしれません。

そのご指摘はもっともです。ただ、時代は変わり、今ではテクノロジーが広く一般にも浸透しました。個人でも便利なＩＴツールが使えるようになっています。よって、ＩＴ企業に限らず、テクノロジーを活用した働き方が容易にできるようになってきています。

したがって、この組織化の方法は、多くの人が理解し活用できるはずです。もしハードルがあるとすれば、テクノロジーの問題ではなく、これまでとはまるで違った考え方を取り入れることのほうではないかと思います。

おそらくあなたが社長であれば、「自分の」会社だと感じているでしょう。しかし、まずしていただきたいことは、あなたが社長であっても**「自分の」会社ではなく、「自分たちの」チームだという考え方をもつこと**です。

つまり、会社のウチとソトを分ける線引きラインの位置を変えるのです。「自社の社員か否か」が今の日本では一般的なラインです。しかし「自分たちのチーム」となると、線引きラインの位置は変わってきます。

エッセンシャルには社員はいません。

ただし、エッセンシャルにはチームメンバーがいます。仕事を外部委託している人たちです。その外部委託の人を含めてウチとして組織化をしています。

これが非常に重要なことです。

一般的な会社に比べてウチとソトの境界線が「グラデーションのように曖昧」になっているのです。一般的には、社員はウチ側、非社員はソト側と捉えますが、エッセンシャルは私とチームメンバーが緩くプロジェクト単位でつながっています。

これがエッセンシャルの特徴で、私はこれを「グラデーション組織」と呼び、グラデーション組織で経営することを「グラデーション経営」と呼んでいます。

リモートワーカーは社員雇用できない

以前、社労士（人事労務に関する法律の専門家）と話をして、わかったことがあります。それは、エッセンシャルのチームメンバーの働き方の現状を踏まえると、社員として雇用することは非常に難しいということです。労働基準法における、労働契約にのっとった、雇用関係にはなれないのです。

労働基準法は、およそ工場労働を想定しているような法律です。

まず、労働基準法では、「仕事の依頼と業務従事の指示に対して拒否できない」というルールがあります。つまり、社長が仕事の指示をしたら、それは絶対であるということ。社長に「コピー取りしろ！」と言われたら、社員は嫌でもしなければいけません。

これに、あなたは違和感を覚えませんか。私はどうにも納得がいきません。仕事をすることは、「その人の才能を発揮して、ビジネスの一端を担うことだ」と私は考えているからです。

一方で、**私たちのようなグラデーション組織では、私も他のチームメンバーも対等です。**だから誰かが他のメンバーに指示をすることはできません。この時点で労働基準法の枠を超えています。

次に、労働基準法のもとでは、労働時間や労働場所が明確に決まっています。つまり、労働基準法ではリモートワークは基本的に想定されていないのです。法律制定時は、今のようなインターネット社会ではなかったからです。

だからタニタは2016年以降、社員にリモートワークをしてもらうために、本人の同意のもとで退職して個人事業主になってもらう取り組みをしています。少なくとも法律上は、社員のままではリモートワークでは働けないからです。

前述したように、「雇用」するには雇用期間の労働時間や労働場所を規定しなければいけません。たとえば「朝9時から夕方5時まで、社内で勤務しなければならない」というように、です。

しかし**私たちは、求めているパフォーマンスや結果が出さえすれば、労働時間や労働場所はどうでもいいのです。**この点でも労働基準法の枠を超えてしまいます。

見えないところにいるのであたりまえですが、リモートワークでは働いているメンバーを監視することは困難です。もちろん不可能ではありませんが、そもそもメンバーを監視したいと私は思えませんし、メンバーも監視されたいとは思わないでしょう。

仮に監視したとして、それが仕事の結果につながっているかどうかを判断するのは不可能なはずです。たとえば、単なるネットサーフィンをしているのか、業務に必要な調べ物をしているのか、見分けがつかないからです。

もとより私は、チームメンバーには自分の好きなところで働いてもらいたいと思っているのです。エッセンシャルでは、家で働いている人も多いですし、海外旅行先で働いている人もいます。いわゆるワーケーションです。

好きな場所で、好きな時間に、自分のライフスタイルにあわせて自由に働けるからこそ、仕事もプライベートも充実し、仕事のパフォーマンスも上がるのだと考えています。

最後に、労働基準法では、給料は「労働」の対価です。

たとえば、工場で働いている人が、ネジを1日で1、000個作ったとします。労働基準法では給料は労働の対価で、働いた分に見合った額を払う原則があります。したがって、働いて作ったネジが不良品だったり、ネジが売れなかったりしたら給与を支払わなくてもよい、というわけにはいきません。だから「時給いくら」「月給いくら」という形でしか給料が払えず、固定費が減らせない。これが労働基準法の弱点です。

一方で、**業務委託契約であれば、成果報酬型にすることができます。**

プロジェクトが高い成果を出したらたくさんの報酬を支払うこともできますし、逆にプロジェクトを企画したけれど立ち上がらなかったら、そのままプロジェクトが解散することもあります。

成果報酬型にした結果として、固定費も減らせるのです。

このように、私たちのチームで起こっていることは、一般的な労働契約をもってしては成立しません。全員がリモートワークで働くスタイルなので、労働基準法の範囲外になります。

この組織形態を成立させるためには、社員として雇うのではなく、業務委託契約一択なのです。あなたの周りに社労士がいれば、聞いてみてください。「それだと、労働契約は不可能なので、業務委託にするしかないですね」と言われるはずです。

会社への関わり方がグラデーション

前述したように私たちのチームメンバーに社員はいません。全員が個人事業主、あるいは他の会社の社長です。あとは、会社員が副業で手伝ってくれています。

これを、他の起業家や経営者に話すと「なぜ優秀なチームメンバーたちを社員として雇わないんですか」と聞かれます。私は逆に「なぜ社員として雇うのですか」と、聞き返すわけです。

社員として雇用しない理由は、いくつもあります。

もし私たちの会社「株式会社エッセンシャル」という組織の中で、そのチームメンバーが本当に自己実現をしたり自分のやりたいことをやれたり、あるいは自分の欲しい報酬が受け取れるのであれば、それはもちろん素晴らしいことです。

しかし、現実には世の中のほとんどの人が、自分が所属している会社の中で、それらすべてを叶えられていないと私は感じます。

1つの会社で働くだけで、満足いく報酬を得られ、やりたい事が実現でき、プライベートでも好きなことができて、人間関係にも恵まれる。そんな人は世の中のごく少数派です。実際には何かしらの不満がある人がほとんどです。

メンタルヘルス（心の健康）の面からもメリットがあります。人は1つのコミュニティだけに所属していると、ほとんどの場合、メンタルが悪化します。

たとえば、売上至上主義の会社に属していたとしたら、売上が上げられなかったら居心地が悪くなるでしょう。そんなとき、会社にしか居場所がなかったら、もう逃げ場がありません。

その会社で居心地が悪いときでも、他に心地良い居場所があれば、人は救われます。

だから会社だけでなく、趣味のサークルや友人関係など複数のコミュニティで居心地の良いところを作るといいのです。

ところが、多くの人が1つのコミュニティにしか所属していません。特に男性は「所属しているのが会社だけ」という人が多く、メンタルヘルスに暗い影を落としています。

個人差はありますが、一般に女性は男性よりも友人を作るのが得意な傾向にあります。ですから、職場でキツイ思いをしても友人関係でガス抜きができるようです。

エッセンシャルも基本的に楽しく仕事をしてはいますが、すべての人にとって楽園ではないでしょう。エッセンシャルにとてもフィットしているメンバーは楽しく働けますが、そうでないメンバーには居心地が悪い部分もあると思います。

そのような状況で、エッセンシャルで働くことだけに完全にコミットさせるのは、望ましくない。

社員として完全にその会社で働くことにコミットさせてしまうと、とてもフィットしている一部の人を除き、大部分の人にとっては幸せとはいえない、というのが私の考えです。

その幸せではない人はどうするでしょうか? 遅かれ早かれ、会社を辞めてしまうのではないでしょうか? それなら、**居心地が良い範囲で会社と付き合って貰えればいいはずです。**

会社にとてもフィットする人にはガッツリ関わってもらい、フィット度が低い人には居心地が良い範囲で関わってもらう。**チームメンバーによって、エッセンシャルへの関わり方がグラデーションのように変わるから、グラデーション組織なのです。**

通勤時間ゼロは人の幸福度を高める

昨今はリモートワークがブームになってきています。これは一過性のブームではなく、徐々に増えてくるだろうと私は予想しています。

その理由は、リモートワークをすると幸福度が高まるからです。

人は20分以上通勤時間がかかると、かなり幸福度が下がることがわかっています。

イギリスの西イングランド大学がおこなった研究では、通勤時間が1分増えるごとに、仕事とプライベート両方の満足度が低下しストレスが増え、メンタルヘルス(心の健康)

が悪化することを発見しました。
これは、5年以上にわたって調査したもので、通勤がイギリスの会社員26、000人以上に与えた影響を分析したものです。
また、チューリッヒ大学のブルーノ・S・フライ教授の研究論文によると、「1時間の通勤のストレスを埋め合わせるには、年収が40%アップしないと割に合わない」という結果が提示されています。具体的には、年収が500万円の人の場合、200万円分くらい幸福度が下がるのです。

そう考えると、ほとんどの人は通勤によって幸福度を損なっているはずです。自分の家と職場が片道20分未満の人は、世の中の少数派ではないでしょうか。だとすると、ほとんどの人はリモートワークで働いたほうが幸せになれるといえます。

とはいえ、リモートワークにもデメリットはあります。たとえば小さな子どもがいる家庭は、子どもがじゃれてきて仕事が中断させられてしまうことがあります。仕事に集中できる部屋やスペースがなく、仕事がしにくい人もいるでしょう。

しかし、それを差し引いても、**リモートワークで働くとチームメンバーの幸福度は上がります。働く時間と場所を自由にコントロールできることが、人生の幸福度に貢献する割合はとても大きいからです。**

そうであれば、社員をより幸せにしたいと考える経営者は、社員の働き方をどんどんリモートワークへとシフトさせていくはずです。リモートワークをどれくらい取り入れているかで、「社員をどれくらい幸せにしようとしているか」がわかりそうですね。

自分のパフォーマンスが上がる時間に働く

働く時間についても同じです。

エッセンシャルのチームは男女比がほぼ半々です。そして働く時刻も人によってバラバラです。朝型で早朝に仕事をする人もいますし、夜型で夜更けにしている人もいます。育児中のメンバーは、子どもを保育園に預けている時間に働いています。

ほとんどの日本の会社は、こうした働き方を認めていない。

たとえば、私は典型的な夜型人間です。**遺伝的に「朝型（ヒバリタイプ）」と「夜型（フ**

クロウタイプ）」と「中間型（フィンチタイプ）」という3つのタイプがあり、遺伝子検査によって、私は典型的な夜型であることがわかりました。

人間には体内時計があり、時計遺伝子の数によって、朝型の度合いが決まります。つまり、早く眠りにつきたくなる朝型の人も、私のように夜に能率が上がると感じる夜型の人も、この遺伝子によって決められているのです。

これは、後天的にどうにかできるものでも、本人の意思でどうにかできるものでもないことが明らかになっています。

私が夜型なのは、子どものときから自覚がありました。学校でも1時限目は集中力が全くないのが常でした。

実際に、小学校の授業開始時刻を1時間遅らせると、生徒の成績が伸びたデータがあります。

アメリカのワシントン大学が、米ワシントン州シアトルで、高校の始業時間を7時50分から8時45分に遅らせる実験をおこないました。2校88名の生徒について約7か月間調査したところ、睡眠時間が増え、成績も4・5％向上しました。

つまり夜型の生徒にとっては、学校が始まる朝の時間は早すぎるのです。

同じ事が、多くの会社に当てはまります。**始業時刻が9時の会社がありますが、これは私のような夜型の人間からすると明らかに早すぎます。**

私の場合は、仕事のパフォーマンスが上がるのはだいたい正午ごろからです。正午あたりから夜に向けてパフォーマンスが上がってきます。そして1番やる気になってくるのが夜中の1時くらいで、その時間帯に集中すると最もはかどります。

夜中の1時まで働いているというと、ブラック企業だと思われる人もいるかもしれません。ただ、朝の9時から夜中の1時まで働いているわけではなく、夜9時から午前1時まで働いているのです。これであれば、労働時間はたった4時間です。

そしてそのスタイルを本人も望んでいるのでブラックとはいえません。むしろ、夜型の人に朝9時から仕事をしろと言うほうが酷です。私は夜9時から仕事をしたいからです。

朝型の人や夜型の人がいるにもかかわらず、全員が朝早く出社しなければならない会社では、たいていは朝型の人に合わせなければなりません。このような状態では、夜型の人にとっては、非常に働きにくい職場になってしまいます。

子供であればいざしらず、大人であれば自分が朝型か夜型なのかはなんとなくわかっているはずです。あなたも、自分のパフォーマンスが上がる時間に働きたくないですか？そしてこれは、あなたのチームメンバーも同様なのです。

ダメ社長ほど、自分の得意な働き方をチームメンバーにも強要します。自分が朝型だと朝早くからの仕事を強要し、自分が夜型だと夜遅くまでの仕事を強要するのです。

全員が自分の給料を自分で決める

これは多くの経営者に驚かれることです。エッセンシャルではチームメンバー全員が、自分の報酬を自分で決められるようにしています。


私は会社（経営者や上司）が社員の給料を上げたり下げたりする権利を握っているのはアンフェアだと感じています。なぜなら、上役の人が給料の額を自由にできる権利を持っている事で、たとえば「給料を下げるぞ」と暗にチラつかせれば、社員を従わせられるからです。

また、逆に給与やボーナスの額で釣るような会社もあります。これは報酬を下げることによって人をコントロールするような会社に比べればまだマシかもしれませんが、結局アメかムチかという話でしかありません。

結局アメで人を動かすのも、その人が「本当にやりたい」という心の底から出てくる内発的動機付けではなくて、報酬という外発的動機で動かしているわけです。


ベストセラー著者のダニエル・ピンクが『モチベーション3・0』という本の中で紹介しましたが、**人は内発的動機付けで動いているほうが仕事のパフォーマンスが上がります。**

内発的動機付けとは、仕事のやりがい、貢献感、成長欲求などのことです。

一方で、外発的動機付けは、まさにアメとムチです。報酬を上げるとか下げるとか、人の賞賛によって人を動かすなど、そのような外的要因から生まれるやる気です。昇進して社内のポジションが上がる、というのも外発的動機付けです。

このような外発的動機で動いている会社は、各人のパフォーマンスが低いのです。

純粋に内発的動機に基づいて動いている人のほうが、パフォーマンスが高い。しかし、外発的動機付けが加わると、パフォーマンスがやや低下する。このことを「アンダーマイニング効果」と呼びます。


多くの会社では、給料を社長や人事部が決めることが多いと思います。それによって、内発的動機付けで働いている人を減らし、外発的動機付けで働く人を増やしているのです。その結果、仕事のパフォーマンスを下げていることを知っていただきたい。多くの会社において、社員のパフォーマンスを下げているのは社長や人事部なのです。

「全員が自分の報酬を決められるようになったら何か問題は起こらないのか」とよく尋ねられます。結論から言うと問題は起こります。それは報酬のインフレです。

私も含めて世の中の人は他人よりも多くの報酬が欲しいと思うものです。誰かと比べて自分のほうが仕事を頑張っていると感じるからです。

これは私たちが持つ「自己奉仕バイアス」という認知のゆがみが原因です。平たく言うと「成功は自分のおかげ、失敗は他人のせい」と考えがちなことです。

「あまり活躍していないあのチームメンバーがこんなに報酬が高いのであれば、自分はもっと報酬が高いはずだ」と考え、自分の報酬を高く設定してしまうのです。

そのため、私はチームメンバーに対して、「私たちには自己奉仕バイアスがあるので、その分を差し引いて報酬を決めよう」と言っています。

さらに、**女性の場合は「自分は組織にあまり貢献していない」と感じるインポスター症**

候群になりやすいことで知られています。心理学用語ではビッグファイブというのですが、神経症傾向（不安になりやすさ）において女性のほうが男性よりも強いからだと私は仮説を立てています。

２０１５年に行われた東京大学大学院の川本哲也氏らの研究によれば、４、５８８名（男性２、１１２名、女性２、４７６名）を調べたところ、若い年齢では男性よりも女性のほうが不安になりやすいことがわかりました。ただし、不安になりやすさは加齢とともに減っていきます。

その要因としては、女性は特に「謙虚が美徳」とされ、「女性は控えめなほうが愛される」といった価値観で育てられがちなことも、関係しているように思います。

また、ステレオタイプ（社会に浸透している思い込み）も、女性の足を引っ張っていると私は考えます。積極的な男性は「リーダーシップがある」と褒められるのに、積極的な女性は「生意気だ」と嫌われるからです。フェイスブック社の最高執行責任者であるシェリル・サンドバーグは、「子供のころに『女の子なのに生意気だ』とよく言われた」と述懐しています。

いずれにせよ、「自分は組織にあまり貢献していない」と考えやすいチームメンバーに対しては、「あなたはもっと報酬を増やしたほうがよい」と提案してあげるのが社長や人事部の仕事ではないでしょうか。

また、会計用語で言うところの「労働分配率」を全メンバーにしっかりと説明しておく必要もあります。会社の売上のうち何割ぐらいを給料や報酬として支払うのが適切なのかを事前にしっかりと伝えておくことがポイントです。そうすることによって過剰なインフレが起こりにくくなります。労働分配率を大きくオーバーするのであれば、報酬のインフレが起きていると全員が判断できるからです。

私が思う最も適切な報酬の考え方は、世の中の労働市場で発生する報酬を基準に考えることです。「その仕事を、労働市場から引っ張ってきたときにいくらになるか」と同じ額を報酬額にするのです。労働市場の相場よりも高すぎても低すぎても良くありません。労働市場での相場が仮に月給30万円だとして、エッセンシャル内での報酬を40万円にしてしまうと、その人は天狗になったり有頂天になったり、自分の実力を勘違いしてしまったりします。

一方で、それよりも低い報酬にしてしまうと、それはいわゆる「搾取」でしかありません。いわゆる「やりがい搾取」です。

最近、ブラック企業でやりがい搾取が問題になっていますが、簡単な解決策は、労働市場での相場に合わせて報酬を自分で決められるようにすることです。そうすれば、やりがい搾取は起こりにくくなります。

稟議書というスタンプラリーをやめる

伝統的な会社では、大きな金額を動かすときには稟議が必要だと思います。稟議書と呼ばれるあのスタンプラリーの紙を持って、係長のところに行き、課長のところに行き、部長のところに行くことをひたすら繰り返し、全員の捺印を集めるとようやく何か意思決定ができるというもの。

私も会社員時代に初めてその稟議書の紙を渡されたときには、物珍しくスタンプラリーも楽しめましたが、2回目以降はもうつまらなくなりました。「私は一生、スタンプ集めをしないといけないのか」「私はスタンプラリーをするために働いているのではない」という気持ちが出てきたからです。

人は自分で自由に決定ができる状況になればなるほど内発的動機付けが強くなり、仕事

の満足度が上がります。逆に、自分で何も決められない状況になると自己決定感が下がり、そこで働くモチベーションが下がってしまいます。さらには、稟議が通らないと意思決定ができないので、社内政治ばかりの息苦しい会社になります。

とはいえ、何もかもメンバーが自分で決められるようになると、それはそれで問題が起こります。たとえば会社のことやお客さんのことをほとんど知らない人が大きな決定をすると、とんでもない問題を引き起こしてしまう可能性があるからです。

そこで私たちは「助言プロセス」という意思決定の方法を採用しています。この手法はフレデリック・ラルー著『ティール組織』という書籍に記されています。何かを意思決定する際に、意思決定によって影響を受ける人たち全員から助言をもらうものです。

逆に言えば、**助言さえもらえれば誰でも何でも決められるのです**（助言プロセスの具体的な方法は4章で後述します）。

話が少しそれますが、エッセンシャルでは組織のあり方に「ティール組織」を採用しています。**ティール組織とは、簡単に言うと、個々のメンバーの意思が重視され、それによ**

って成り立っている組織です。ビジネスも、組織の存在目的も、今後の方針も、メンバーの意思によって変化していきます。

日本にも、私たち以外にも多くのティール組織が存在します。前述した『ティール組織』は2018年に出版された書籍ですが、この本が現れて以来、さまざまな会社でティール組織に向けた組織化が起こっています。

ただ、私たちのように社員ゼロで、外部委託のフリーランスと起業家だけでチームを組み、ティール組織を築いているところは聞いたことがありません。とても流動的で、日本でもおそらくかなり稀有な事例でしょう。

そんな流動的な組織であっても、全員が意思決定できる権限を持てば、チームの理念や価値観さえも決まることをご紹介しようと思います。エッセンシャルでは多くの助言プロセスを経て、このような理念と価値観になりました。

現時点での暫定的な、エッセンシャルの理念や価値観は以下のとおりです。価値観は15個ありますが、優先順位があるわけではなく、すべてが並列です。

理念（ミッション）

巨人（※）の肩に乗り、本質を広めることで、「関わる人すべて」を豊かにする。

※巨人とは、業界の先輩とか先達のこと。

価値観（バリュー）

1. **本質**

「問題」ではなく、「ボトルネック」を解決することにフォーカスし続ける。

2. **自由**

関わる人が自由を得られるようにお互いに調整し合う。

3. **責任**

顧客や取引先だけでなく、業界や社会、環境、未来への責任を持つ。

4. **リーダーシップ**

問題解決に取り組みたい人がリーダーであり、職務の範囲を超えて、その問題が解決するまで見届ける。

5. **実力主義**

年功や性別、学歴、役職ではなく、実力が報酬を決める。

6. **巨人の肩に乗る**

巨人を探す。巨人がいなければデータを巨人とする。

7. **フラットな組織**

ミッションに基づき、権限委譲と情報公開をすることでフラットな組織を作る。力が正しさを作るのではない。正しさが力を作る。

8. **業界に革命を起こす**

現状をベースにして、業界のサービスが持っているパラダイムをシフトさせるサービスを世に出す。

9. **データ、ファクト、ロジックに基づいた意思決定**

これらに基づかない意思決定は、チームメンバーの誰かへの人格攻撃と同じである。

10. **失敗したら再発防止する**

失敗することは問題ではない。それを再発防止しないことが問題である。

11. **関わる人の成長にフォーカスする**

お互いを信頼し、強みを伸ばすことにフォーカスする。嫌われることも厭わず、敬意を持ってフィードバックし合う。

12. **今のパラダイムを疑う**

関わる人の意識レベルを見極め、もっとよいパラダイムがあることを信じ、追求する。

13. **仮説検証を楽しむ**

仮説検証のプロセスを楽しむ。自分の仮説が間違っていたら、間違った理由を考えるのを楽しむ。

14. 質の高いメンバー

仕事で得られる報酬の1つは、質の高いメンバーと一緒に仕事ができることである。また、自分もさらに質の高いメンバーになる努力をする。

15. 意図、前提を確認し、感情を共有する

「お互いが見ている世界は違う」という前提の元、共通認識を作る。論理だけでなく、感情も共有することで、よりホールネスへ向かう。

繰り返しになりますが、この理念や価値観は暫定的なものです。経営コンサルタントのピーター・ドラッカーも「理念は定期的に見直せ」と言っていますし、変更する可能性は大いにあります。

誰かが変更の提案をする度に、少しずつ変化をしていくからです。

全員がキャリアパスを自分で作れる

多くの大企業にはいわゆる「キャリアパス」があります。キャリアパスとは、「この通りの成果や実力の条件を満たせば、このような形で出世ができますよ、このように収入が上がりますよ」という社内におけるキャリアアップの道筋(パス)のことです。

その中でも、もっとも早く出世できるコースが俗に「出世コース」と呼ばれます。ただ、この様式は今の時代にはそぐわない。

出世コースの対義語は「マミートラック」です。マミーは母親のことで、トラックは陸上競技のトラックのことです。女性社員が結婚して子どもを産んで母親になると出世コースから外れてしまい、昇格や昇給がしにくくなることを指します。

これには女性差別だけでなく、数多くの問題が潜んでいます。

まず、**男性でも子育てをしたい人はいます。**

私の先輩の経営者がこんなことを言っていました。「私の子どもが幼い頃、自分は仕事をすることだけで精一杯だった。おかげで会社は大きくなった。しかし当時は、子どもがまだ寝ている時間に家を出て、子どもがもう寝てしまってから家に帰り着いていたので、子どもの寝顔しか記憶にないんだよね」と。

なんとも寂しい話です。子育てをしたい人が、出世コースから外れることを恐れて育児ができないとしたら、その人とその家族にとって、あまりにも大きな損失です。

次に、**女性であっても、育児よりも仕事に気持ちが向く人もいます。**これは私たちの男性ホルモンによって決まります。

１９８８年に、イギリスのセントラル・ランカシャー大学教授ジョン・マニング氏が発表した、「人差し指と薬指の長さの比較で、胎児のときに浴びたテストステロン（男性ホルモン）の量が推定できる」という研究論文があります。

この論文によって、人は胎児のときに男性ホルモンであるテストステロンを多く浴びると、人差し指よりも薬指が長くなり男性脳の傾向を示すことが明らかになりました。他方、女性ホルモンのエストロゲンの影響が強いと、人差し指が薬指より長くなり女性脳の傾向を示すそうです。

ここで言う男性脳の傾向とは、積極性、アグレッシブ（能動的）、運動能力や空間認識力が高い、支配的、数的認識力、機械に強い、主体的、行動的、という特徴のことです。

女性にも、人差し指よりも薬指が長く、男性脳の傾向を持つ人がいます。そのような人は、子どもを育てながら同時に仕事も頑張りたいと思うでしょう。

子どもができたからという理由でマミートラックに送られてしまうと、仕事が楽しくできません。子どもができた人たちを、日本の会社のキャリアパスでは排除してしまい、うまく戦力として使えていない傾向にあると感じます。

育児以外にも、私たちのチームメンバーには、いろいろなキャリアを描いている人がいます。たとえばある女性のメンバーは、フィリピンに語学留学していました。こんなことも、もっと自由にできるといいと思います。

本書の中で私は繰り返し「自己決定感」について書いています。自分がどんなキャリアを描くのかということも自分で決められると、その人の満足度がより上がることを実感しています。

人事権という「暴力」を排除する

多くの会社の人事部は、時に暴力装置になります。

よく聞く話に、会社員がマイホームを買ってしまうと転勤になり、どこかに飛ばされてしまうというものがあります。これは実にひどい話です。

たとえば30年ローンを組んで家を購入すると、その支払いを背負ってしまい、おいそれと会社を辞めることができなくなります。たいていの会社員は、生涯その会社で働かなければならないと考えるようです。

ゆえに会社にとっては、家を購入した社員は「自由に異動・転勤させられる人材」になります。地方に飛ばされても海外に飛ばされても、その人には会社を辞める選択肢がない。30年ローンが30年の奴隷契約になるという、実に悲惨なメカニズムです。

同様に、車を買ったり子どもができたりすると、転勤や海外勤務をさせられることが言われています。

あるいは、社員が会社の言うことを聞かなければ、望まない部署に「異動させるぞ」とちらつかせて従わせたり、報酬を餌にして従わせたりすることもできます。

職場の環境もそうです。パワハラやセクハラ、モラハラをする上司に当たってしまい、人事に掛け合っても対処してもらえない場合もあります。何か月も何年もその環境に耐えて働き続けるしかありません。はっきり言って、これは暴力です。

私たちのチームでは、自分が働くプロジェクトを選ぶことができますし、自分の好きな仕事をすることができます。そして、もし万が一、パワハラがあったとしても、自分から去ることができ、望まない状態が続くことはありません。

世の中の会社の多くは人事部を持っていますが、ともすれば生殺与奪の暴力装置になりさがる危険性があります。だからこそ、人事部の人には高潔さが求められます。

英国の歴史家ジョン＝アクトンの有名な言葉で「権力は腐敗する、絶対的権力は絶対に腐敗する」という言葉があります。人事権は非常に強い権力です。よほど高潔な人でない限り、人は権力を持てば持つほど倫理感を失っていきます。

また、アメリカのオクラホマ大学のN・E・ダンブラー教授は「人間はウソをつけばつくほどふてぶてしくなり、自信たっぷりに振る舞い、命令的に話すようになる。そのような態度が、いちだんとその人に対する服従を強める」と研究の中で語っています。

ウソか実《まこと》かにかかわらず、人は自信に溢れた高圧的な態度の人物に信頼感を抱き、服従しがちです。そして、その反応に、高圧的な人は一層増長してしまうのです。

「こんなことをしてしまったら申し訳ない」という罪悪感はほとんどの人間が持っている感情ですが、権力を持つとその罪悪感も感じにくくなります。そして権力が肥大化すればするほどその傾向は強くなり、結果として暴力的な行為も平気で行うようになります。

人事部でも同じようなことが起こりえます。自分の罪悪感に耳を傾けるような高潔さを持った人でない限り、まともに機能するのは難しいだろうと感じます。


多くの会社員は、そのことに気づいていません。会社というのはそういうものだ、人事部とはそういうものだと思っているのでしょう。しかし、人事部の人間が悪いのではなく、人事部に過剰な権力を持たせる「構造」そのものが悪いと私は考えています。

全員がどんな重要な情報にもアクセスできる

一般的に、多くのピラミッド型組織において、上層部ほど多くの情報を持っています。一方で、組織の末端になると重要な情報はほとんど知らされません。

たとえば、ある会社が別の会社を買収する場合、トップ同士でその話し合いが行われます。ところが、当事者でもあるその会社の社員は、新聞やテレビの報道で後から買収を知ることはよく起こります。

このようにピラミッド組織では、上層部だけが情報を握っていることが多いのです。

これは私の持論ですが、**情報が多く得られれば得られるほど、どんな人でもより質の高い意思決定ができるようになります。**

逆に、世の中のトップが重要な情報を他の社員に漏らさないのは、そのトップが重要な情報を自分だけが握ることによって権力を維持したいからだともいえます。

たとえば、「会社を買収する」という情報は、非常に秘匿性が高い情報です。この情報を知る人は、より質の高い意思決定ができ、知らない人は、質が低い意思決定しかできません。

つまり、権限がある人や会社の中でポジションが高い人ほど優秀な決定ができるのは、その人が優秀だからという理由だけではなく、秘匿性の高い情報にアクセスできるからです。

それによってヒエラルキーが固定化してしまい、権力も維持されてしまう問題が起こります。たとえ優秀な人でも、情報を知らされないと質の高い意思決定ができず、結果として低い立場に甘んじてしてしまうのです。

会社のポジションとその人のパフォーマンスを調べた研究結果をご存知でしょうか。それによると、人の出世と能力に相関関係はありませんでした。

スタンフォード大学のジェフリー・フェファー教授は、著書『「権力」を握る人の法則』の中で、「実績と昇進の関係においてはこれまでに数多くの組織的な調査が行われているが、仕事ぶりや能力は昇進や人事評価にはあまり関係がないことがわかっている」と主張しています。

「組織内で出世して権力を得た人は、優秀だから出世したのではなく、野心的かつ政治的に動いたから出世したのだ」とも指摘しています。

言い換えると、会社の組織の中で高いポジションにつく人は、優秀だからではなく、権《けん》謀術数《ぼうじゅっすう》に長けているからです。手練手管《てれんてくだ》で他人をうまく利用して昇進を重ね、現在のポジションを獲得しているだけです。

そのような高いポジションにつく人が、自分の権力を守るために、部下には重要な情報を知らせず、自分だけで情報を抱え込み、それによってヒエラルキーを固定化しているのです。

ですから、会社の中のヒエラルキーは、日本におけるカーストだと私は捉えています。「低いポジションの人が秘匿性の高い情報を得て、高いポジションにステップアップできないようにしている構造」です。

それに対して、私たちは、**どんな重要な情報でも基本的にメンバーに共有するようにしています。たとえば決算の情報や、どのメンバーがどれくらいの報酬を得ているのかという情報も例外ではありません。**

他の経営者に特に驚かれることは、「どのメンバーがどれくらいの報酬を得ているのか」を全メンバーに公表していることです。このような情報までも共有することによって、私たちのチームでは誰でも意思決定ができるようになっています。

私の多くのクライアントも「情報を共有すればするほど周りのメンバーが進んで意思決定できるようになっていった」と話していました。

このように、今の情報時代には「情報を秘匿することはヒエラルキーと権力の固定になり得る」ということです。情報をチームメンバーに隠そうとすることは、権力にすがりつこうとするのと同値です。

あなたが会社員だったとして、会社の上層部しか情報を握っていなかったら、「上層部はカーストを維持するつもりがある」と考えても差し支えないでしょう。

私が世の中の経営者に対して言いたいことは、「**もっと社員やチームメンバーを信頼して情報を公開してほしい**」ということです。それと同時に、会社員の人に対しては、「**もっと社員を信頼して情報を公開してくれる会社で働いてはどうですか**」とおすすめしたいのです。

今の時代に情報共有をしようとしない社長は、「チームメンバーを信頼するよりも、自分の権力を維持したいのだろう」と周りから思われても仕方がありません。

副業どころか複業を認める

言うまでもなく現代は、価値観が多様化している時代です。

昔、情報ソースがテレビしかなかった時代は、テレビが伝えている価値観が、唯一絶対的な価値観でした。それ以外のものは、ごくわずかな少数派の意見でした。

たとえば、ビートルズが来日すれば、テレビはビートルズ一色だったと言われていました。しかし今の音楽シーンを見ていると、実に多様なジャンルの曲が流れています。このように音楽ひとつとってみても、非常に多くの価値観が存在しているのがわかります。

多様化は、会社での働き方にもいえます。時間が経過するとともに、どんな分野でも多様化が起きるからです。

1つの会社で働くのは、もはや前時代的な価値観です。

価値観が多様化し、「いろいろなところで働いてみたい」「さまざまな形で収入を得たい」と思う人が増えています。

会社の側も、副業を認めるところが増えてきています。

それを象徴するような出来事に、２０１９年10月にみずほフィナンシャルグループが兼業や副業を認める新人事制度を導入したことが挙げられます。

その大きな理由の１つは、財政的な事情です。同行は２０１７年にはすでに構造改革の一環として、10年間かけて１９，０００人の人員削減に踏み出す方針を打ち出しています。

つまり、その時点で「会社が一生社員の面倒を見る」という前提が崩れたわけです。

その一方で、会社に対する個人の意識が大きく変わったことも、理由として明かされています。

社員を社内に縛り付けることで、有能な人材が獲得できなくなるリスクに対しての危機感があったといいます。あるいは、そうしたがんじがらめの環境を嫌って社員が退職していくことを懸念したのでしょう。

今後も、より多くの会社が副業を認めるようになるでしょう。これは働き方の価値観が多様化する現代において、不可逆かつ不可避な流れです。

そして、**さらにその先には「副業」どころか「複業」が認められる社会になっていくのではないかと私は予想しています。**

要するに、会社勤めが「主」で副業が「副」である関係ではありません。2つ以上のビジネスに携わっていて、どちらも「主」であるという意味の「複業」です。

私たちのチームでも、エッセンシャルのチームだけで働いているメンバーもいれば、複数の仕事を掛け持ちしているメンバーもいます。

私にとって、それはどちらでも良いことだと考えています。なぜなら、グラデーション組織だからです。ただ、どちらかと言えば、複数のところで働いているほうが望ましい。その複業先で得られた知見をエッセンシャルに持ち帰ってもらえれば、私たちのチームの業績がより良くなると考えているからです。

もちろん、それぞれの会社で秘密保持契約は結んでいるでしょうから、情報は流出しません。**他の仕事で得たさまざまな価値観から、エッセンシャルの中で価値観の多様性が生まれることを期待しています。**それによって新しい商品や新しいマーケティングを仕掛けるときにも、より有利になると考えているのです。

ところが、2018年のリクルートキャリアの調査によれば、7割の会社はいまだに副業禁止だそうです。

副業禁止の理由で最も多いのは、「社員の長時間労働・過重労働を助長するため」が44・8％（複数回答）。ついで「労働時間の管理・把握が困難なため」（37・9％）、「情報漏えいのリスクがあるため」（34・8％）と続きますが、いずれもまっとうな理由ではありません。

法律で副業禁止が決まっている公務員ならいざしらず、なぜ多くの会社は副業を認めないのでしょうか。

その答えは簡単で、「井の中の『社員』、大海を知らず」の状態を作るためです。社員に他のビジネスをさせなければ、会社という小さな井戸の中に閉じ込めておくことができます。そして、社員を社内でだけ競争させることで、会社の成長のための歯車にしようとしているのです。

もし社員が大海を知ってしまったら、他の会社に転職してしまったり、独立されてしまったりします。

いずれにしても、社員の自己実現はどうでもよく、会社の保身のために副業を禁止している会社が多いと言えるでしょう。

そうでなければ、副業をここまで多くの会社が禁止する理由にはならないでしょう。今後、「副業を禁止する社長は器が小さい」と思われるようになるかもしれませんね。

第3章

1人ビジネス卒業のかなめ！ グラデーション組織の作り方

1人ビジネスに限界を感じて……

私はコミュニケーションや集団行動が苦手で、自分のことを社会不適合者だと思い、組織化を避けてきました。しかし、限界を感じて、とうとう組織化に踏み切りました。組織化するときに考えたのは、「人によって距離感を変えられる」組織形態でした。

人と付き合うのが楽しい人は、職場の同僚たちと毎日顔を合わせていてもおそらく全く気にならないでしょう。私の周りでも人付き合いが上手い経営者がいます。そういう人は、周りの人たちと分け隔てなくコミュニケーションができます。

ただ、私はそういうタイプではありません。人によって付き合う距離や、付き合う時間を変えられるような仕組みが欲しかったのです。

たとえば、あなたがよく付き合う人たちをイメージしてみてください。人によって距離感も付き合う間隔も違うのではないでしょうか。

家族なら毎日顔を合わせても平気でしょう。友人の場合は相手によるかもしれません。月に1度ぐらい食事をするのが苦にならない相手もいるでしょうし、年に1度、情報交換がてらお茶をする相手もいるのではないでしょうか。

そう考えると、**私たちの人付き合いはまさにグラデーションです。**べったりくっついている人もいれば、月に1回会うだけでいい人もいるし、年に1度会うだけでいい人もいる。それで私たちは心地良いと感じるわけです。

多くの会社は、そうはなっていません。おそらく、外向的で人付き合いが得意な人にとっては、常に多くの同僚とコミュニケーションすることは楽しいことなのかもしれません。しかし、そうでない人からすると、毎日同じ人たちと、8時間以上を共にするのは、苦痛なことです。

少なくとも私はそう感じていました。だから、その距離感を変えられるようにするには、どうすればいいのだろうと考えていたのです。

社員を雇い、その社員と毎日顔を合わせなければいけないような状況では、必然的に適度な距離感を作ることは難しくなります。

そこで、私はフリーランスや起業家を組織化することにしました。そうすると、人によって距離を変えることができます。

実際に、エッセンシャルのメンバーで、**年に1度しか会わない人もいれば、毎週ミーティングをしている人もいます。それぐらいの距離感が私にとっては心地が良いのです。**

エッセンシャルでは、人との距離感について、同じように捉えている人が集まっているようです。

ちなみに、多くのメンバーはフリーランスとしても非常に優秀だったり、起業家で自分の会社を持っていたりするにもかかわらず、エッセンシャルに携わってくれている人たちです。

「なぜ、エッセンシャルで働いているのですか」と私が尋ねると、たいていは2つの理由を挙げてくれます。

1つは、「エッセンシャルの仕事やビジョンに共感しているから」という理由です。

もう1つは、「組織で働くことが得意ではないけれど、エッセンシャルでの人との距離感が心地良く、こんな私でもうまくいっているから」という理由です。

たとえば、あるチームメンバーは、こう言います。

「会社員時代には、同僚と仕事上のコミュニケーションはしていたけれど、それ以上の深い話をする事は避けていた」。

特に小さな会社では、ウェットなコミュニケーションになりがちです。「プライベートなことでも互いに明かすことがあたりまえだ」という雰囲気の職場もあります。そんな環境では居心地が悪いと感じる人がエッセンシャルのチームメンバーの中には多いのです。

別のあるメンバーは、会社員時代には、職場の同僚とはプライベートでは関わっていなかったそうです。職場は違う別の友人と、週末などに会ったり話したりしていたそうです。こういう人はおそらくウェットな会社では職場に馴染むことが難しいと思います。ある程度自分で距離感を調整できるようなチーム組織でないと働けないでしょう。

私は１人ではビジネスの限界があるので、それを打破しようとしました。しかし、社員を雇ってしまうと、人との距離感が自分にとってストレスフルな環境になってしまいます。だから違う形態での組織化を目指したのです。

早く行きたければ、ひとりで行け。遠くまで行きたければ、みんなで行け。

アフリカに、こんなことわざがあります。

「早く行きたければ、ひとりで行け。遠くまで行きたければ、みんなで行け」。

これは、会社でも同じなのです。小さなことを早く成し遂げるのであれば1人ビジネスのほうが良いでしょう。ただし、1人ビジネスでは遠くまで行くことはできません。つまり大きなことを成し遂げることはできないということです。

もし遠くまで行きたければチームを作るか、チームに入る必要があると私は考えています。

特に、この本を読んでいるあなたは、おそらく、世の中に貢献したいと思っているのではないでしょうか。

ミレニアル世代やZ世代と呼ばれている若い世代は、お金を稼ぐことと同じぐらい社会貢献をしたいと願っている人が多く、そういう志を持つ若い起業家が増えています。

しかし、1人では社会貢献をしようとしても、世の中に与えるインパクトは小さなものになってしまいます。もし本当に世の中に対して大きなインパクトを与えたいなら、チームでするしか選択肢はありません。

私が思ったのは、「1人ビジネスをしている自分は、ダサいな」ということです。誤解しないでほしいのですが、1人ビジネスをしている人を批判する意図はありません。

1人ビジネスは気楽でした。しかし、起業家の器として考えてみるとどうでしょうか。世の中に対してインパクトを与えられていない自分を、「ダサいな」と感じていました。

とはいえ、私のような社会不適合者が組織を作るなど思いもよらず、悶々としながら1人ビジネスを続けていたのです。その一方で、諦めることもできず、世の中の多種多様な組織の形を見聞きし、試行錯誤しました。

やがて、こういった社会不適合者の私でもうまくいくような、そんなはぐれ者の組織ができるのではないかと、小さな確信を持つようになりました。

そしてようやく、自分の会社を組織化しようと重い腰を上げることにしたのです。

実際に組織化をしてみて今思うのは、前述したアフリカのことわざの通りです。**組織化をすることによって自分が本当に得意なところにフォーカスできる**からです。

1人ビジネスをしている頃は、ビジネスを回していくには、必要な業務すべてを及第点レベルで遂行しなくてはなりませんでした。例えるなら、国語・数学・理科・社会・英語の全教科すべてが80点以上でなければならない。

もちろん、苦手なことはできるだけ自分でやらないように、外部の人に依頼してはいました。それでもやはり組織が小さいうちは、自分である程度何でもやらないと回らない状態でした。

今はまるで違います。いわば自分が得意な国語だけ200点を目指すことができます。数学・理科・社会・英語は、私は0点でもよいのです。代わりに数学が200点のメンバー、理科が200点のメンバー、社会が200点のメンバー、英語が200点のメンバーを集めてチームを作ったほうが、チーム全体でのパフォーマンスは大きくなるのです。

このように、組織化してあらためて気づいたことがあります。**チームを作ったほうが、関わる人すべてのパフォーマンスを伸ばしながら、チーム全体のパフォーマンスも伸ばせる**のです。

チームメンバーに対しては、「自分の強みに全振りしてほしい」と話しています。

この「全振りする」というのは、こういうことです。

テレビゲームでは自分がどのステータスを伸ばすのかを割り振りできますね。1人ビジネスでは、自分のスキルをまんべんなく伸ばさなければ回りません。どのステータスも同じレベルに割り振ってプレイすることしかできない状態です。


しかし、チームでビジネスをすると、「自分に有利なステータス＝自分の強み」だけに「全振り＝時間やお金を集中投下する」ことができます。

そうすることによって、それぞれのメンバーの強みがぐんぐん伸びていきます。その結果、私たちのチームは大きな価値を作り出し、世の中に大きなインパクトを与えられるようになってきています。

「固定費をかけるのは怖い」から、外部委託に

私がチームを作る第一歩は、外部委託をするところから始めました。

外部委託からスタートした理由はいろいろありますが、初めは後ろ向きの理由のほうが

多かったです。またまたダサい話ですが、単純に人件費という固定費をかけるのが怖かったのです。

これはビジネスモデルによるところも大きいと思います。

たとえば、今流行りのサブスクリプションの会員制ビジネスでは、翌月の売上も見込めるので、社員を雇うことにさほど不安を感じないかもしれません。

一方、私はコンサルティングや、起業支援の講座、セミナーなどが収益源でした。それは、コンサルティングの契約が終了になったり、講座の募集期間以外の時期は売上が下がったりと、売上に波があるビジネスモデルでした。

そのようなビジネスモデルでは、固定費をかけるのはリスクが高い。そのため外部委託で組織を作り始めたのです。


外部委託にしてよかったのは、私もチームメンバーも自由な時間が作れたことです。

最初にメンバーになってくれたのは、女性の事務スタッフでした。彼女は、以前は会社員として働いていたのですが、出産を機にその会社を辞めていました。

それは、リモートでも働けると聞いて応募したのに、実際にはリモートでは働けなかったためです。やむを得ず出勤していたものの、保育園のお迎えなどで早退するたびにどんどん肩身が狭くなり、せっかく復職したにもかかわらず、結局辞めてしまったそうです。

その後、エッセンシャルに入ってからは私とは年に1度程度しか直接会う事もなく、ほぼリモートで仕事が回っています。

その女性スタッフは、「とても自由度が高く、時間的にも精神的にも、とても働きやすい」と言ってくれています。

働く時間の管理はしていないので、好きなときに、子どもの送り迎えも都合のいい時間にできます。「子どもを寝かしつけてからのほうが落ち着く」ということで、夜ミーティングをすることもありました。

このような自由な働き方が、私だけではなくてチームメンバーに対しても提供できるようになり、本当に良かったと感じています。

リモートワークでうまくいく人、いかない人

リモートワークがうまくいっている理由の1つには、エッセンシャルは比較的、内向的なメンバーがそろっていることがあるでしょう。

昨今、遺伝子についての詳細な情報がゲノム解析によって明らかになってきています。人間には遺伝的に外向的なタイプと内向的なタイプの2種類の人がいるのです。具体的には、ドーパミンＤ４受容体（ＤＲＤ４）の配列の繰り返しの数などで決まります。日本人はヨーロッパ系に比べて繰り返しが短く、内向的であることがわかっています。

ちなみに、この外向的か内向的かの違いは、人が好きか嫌いかということではありません。外向的か内向的かは刺激に対しての反応で決まります。

私たちの脳には覚醒度があります。全く覚醒していない状態とは、退屈な状態や寝起きの状態です。逆に覚醒度が非常に高い状態は、刺激が強く気疲れする状態のことです。たとえば爆音が鳴り響くクラブに長時間いたときの覚醒状態です。

内向的な人は刺激に対してのキャパシティが小さい。そのため、視覚情報が多すぎたり、音が大きかったり、初対面の大勢の人と話さなければいけないような状況に長時間置かれると、その刺激がどんどん蓄積されていきキャパオーバーになってしまいます。

逆に**外向的な人は、刺激に対するキャパシティがとても大きい**ので、ちょっとした刺激では満足できません。初対面の人と次々と話し続けることも平気です。むしろそのほうが、刺激が強いので、心地良い刺激の覚醒度まで到達できるのです。

もちろん内向的か外向的かというのは、パシッと2つに分かれるわけではありません。ちょうど中間ぐらいの人がもっとも多く、正規分布のような釣鐘型《つりがねがた》のグラフになります。

このような前提があって、**内向的な人にとっては、リモートワークは、人とのコミュニケーション刺激が低いので、心地良い**のだと思われます。

オンラインミーティングで互いの顔を見て話しても、直接会うよりもかなり刺激は少ない。ミーティングが終了したら、すぐに1人の状態に戻れます。

一方で、**リモートワークが向かない人は外向的な人**だろうと私は感じています。リモートワークは実際に会って話すよりも刺激が弱いからです。刺激が弱い状況は、外向的な人からすると、とても退屈に感じるでしょう。

そう考えると、外向的な人が多い会社ではリモートワークは向かないかもしれません。

会社のロールモデルを見つける

私は自分の会社を組織化しようと決めたとき、組織のお手本となるロールモデルをまず見つけようと思いました。いわゆる普通の会社では、私自身がやっていけないだろうと考えたからです。

そのときに最初に思い浮かんだのが、セムコという会社です。これはリカルド・セムラーというブラジル人が経営している会社で、**会社の中にほとんどルールがありません。**組織図もなく、自由に働いているにもかかわらず、年間30%から40%ずつ成長しています。

私はこのリカルド・セムラーという人物が好きで、彼の書いた本はすべて読んでいます。彼の来日セミナーには私のチームメンバーを何人もそこに送り込みました。私は「日本のセムコみたいな会社を作ろう」と思っていたのです。

1点異なることは、セムコは社員を抱えています。しかし、私は社員を雇用しないで組織を作りたいと考えていました。

社員を雇うとすべての人の関わり方が0か100かのどちらかになります。社員になればその組織に100関わります。そして、退職して社員でなくなった途端に会社との付き合いが0になってしまいます。

そうではなく、**人によって距離感が異なるグラデーションのような組織を私は目指していた**のです。それについて、かなり試行錯誤しました。

蛇足ですが、もう1点異なることがあるとすれば、セムコはオフラインの機械工場の会社です。エッセンシャルはオンラインなので、ここは異なります。

もう1人のロールモデルは、2020年に亡くなったザッポスの経営者トニー・シェイです。

トニー・シェイは台湾系のアメリカ人で、ザッポスというアメリカで一番大きな靴のオンラインストアを作った経営者です。ザッポスが他の企業と違う点の1つは、**企業の価値観を徹底的に明確にしていて、その価値観に合う人だけを採用しているところです。**

トニー・シェイは、メンバーを幸せにするためにどうすれば良いのかを常に考えていて、その幸せを軸に会社経営をしていました。まずチームメンバーが幸せを感じられるようにし、その幸せをお客さんにも伝えていこうという考え方です。

今から10年以上前、カナダのカルガリーでトニー・シェイの講演会がおこなわれたとき、私は日本人の参加者を送り込む手伝いをしてました。私は今の会社を立ち上げる前に、さまざまな海外の講演会に日本人を送客する事業をしていたのです。その講演会は『賢者の言葉』（ショーン・スティーブンソン 著）という本にもなっています。

現在のエッセンシャルを組織化するにあたっては、特にこの2社を参考に、ビジネスを作り上げてきました。

この2社は海外のビジネスです。ですから、「海外の事例を自分の業種にあてはめるのはなかなか難しい」と思う人もいるかもしれません。そういう場合は、日本の会社でも勉強になる会社がたくさんあります。本などで調べてみてもいいでしょう。

たとえば、伊那食品工業もその1つです。同社は長野県伊那市にある寒天・ゲル化剤メーカーですが、50期連続で業績が伸びている会社です。私も見学してきました。

この会社も、採用時に社員の価値観を確認して、会社のカルチャーにフィットした人材を採用しています。そうすることによって、息長く、まるで木の年輪のように大きくなっている会社です。

価値観が合うメンバーをそろえることが、センターピン（重要なポイント）なのです。そこをしっかりと実践している会社です。

未来工業もそうです。同社は電気設備資材などの製造販売をおこなっている、岐阜県にある会社です。この会社も私は見学に行きました。同社には社内に「アイデアの目安箱」

のようなものがあります。ここにアイデアを投稿すると、採用不採用にかかわらずどんなアイデアでも５００円の奨励金をもらえるようになっていました。

ここも同じように、自分の会社の文化や価値観を明確にして、それに合った人を採用することによって長期にわたり繁栄しています。


私のやり方が、すべての会社にあてはまるとは思いません。しかし、どんな事業を手がける会社であったとしても、**自社の価値観を明確にし、その価値観をもとに社員を集めること、世の中に価値を提供することが大切**だと確信しています。

伊那食品工業や未来工業のほうが参考になると思う人は、これらの会社をロールモデルにしてもいいのではないでしょうか。

チームの価値観を決める

会社にはまず理念やミッションが重要だと感じる人がいるでしょう。もちろんそれも重要なのですが、それと同じぐらい、ある意味それ以上に大切なのが価値観です。

理念をそろえたものの、うまくいかない人は多いのですが、たいていの場合、価値観がそろっていません。

理念は「自社はこうありたい」という、会社の抽象的な理想です。例えて言うならば登りたい山のようなものです。富士山に登りたい、北岳に登りたいなど。

一方で、**価値観は、より具体的な行動指針のことです。**「理念を成し遂げるときに、こう行動したい」という考え方や信念です。完璧主義で行くのか、失敗を恐れずどんどん挑戦するのか。データを重視するのか、直感を信じるのか。ここを外してしまうとメンバーとそりが合わない事になってしまいます。

価値観とは例えて言うなら山の登り方です。みんなで富士山に登ろうとするとき、夏の富士山をレジャーがてら登るのか、冬の富士山を登るのかによっても難易度は全く違います。登ったときの体験の質も変わりますよね。

さて、行動遺伝学によれば、私たちの性格の約5割が遺伝子で説明がつくことが明らかになっています。残りの5割は友達などの人間関係で決まります。とはいえ、あまりにも価値観の合わない人とは、一緒に働いていくことは困難です。

そこで私は、自分の価値観やチームの価値観をさらに明確にし、それを浸透させることに注力しました。

価値観を明確にするにあたって私が最初に参考にしたのは、私が影響を受けている人の価値観です。前述したトニー・シェイやリカルド・セムラーなどの本を読み、彼らの価値観の中で、私がどの部分で特に共鳴しているのかを洗い出したのです。そして、価値観を10項目ほど作りました（エッセンシャルの理念と価値観すべてについては、２章で前述しています）。

チームを組織化して運営するにあたっては、価値観を作ることにいち早く取り組むことをおすすめします。ビジネス書やあなたが憧れている経営者の本や言葉などの中から、自分の共鳴する部分を探すと、価値観を見つけやすいはずです。

チームメンバーを募集する3つのポイント

グラデーション組織では、チームメンバーを募集するときに重要な3つのポイントがあります。

1つ目は、できる限り**「ダイレクトリクルーティング（直接採用）」をする**ことです。

ダイレクトリクルーティングとは、簡単に言えば会社が「直接」候補者を見つけること、もしくは候補者に「直接」会社を見つけてもらうことです。ブログやYouTubeなどで会社の情報を発信したり、店舗ビジネスでは店先に求人の看板を置いたりして、そこから採用する方法です。

このダイレクトリクルーティングの対義語は、インダイレクトリクルーティング（間接採用）です。採用媒体に人材募集広告を掲載したり、人材紹介会社に依頼したりして、採用活動を行うことです。会社と候補者の間に、採用媒体などが入ります。一般的によく利用されるリクルーティングの方法です。

ダイレクトリクルーティングをおすすめする最大の理由は、採用媒体で採用するよりも、会社の価値観にマッチした人が来やすいからです。

もちろんリクルーティング活動のコストが下げられる点もメリットです。

すべての採用媒体が悪いとは言いませんが、一般的に、採用媒体を使わないほうが良い理由があります。

採用媒体に掲載すると、横並びで他の多くの企業と比較されてしまうことです。すると大手企業のほうが、報酬が高かったり福利厚生が良かったりして見劣りしてしまいます。

そして、全く同じ福利厚生や報酬だった場合、人は安心感から自分がよく知っている名前の会社のほうに行きます。たとえば、エッセンシャルと日本マイクロソフトが並んでいたとしましょう。両者が全く同じ福利厚生や報酬だった場合、普通の候補者は日本マイクロソフトを選びますよね。少なくとも私が候補者ならそうします（笑）。

このように、採用媒体は仕事探しをしている人が比較検討しやすい形になっています。そうすると、よほどの高収入で福利厚生が良く、かつ知名度がある会社でなければ、うまく採用できないのです。

2つ目のポイントは、**「衛生要因」ではなく、カルチャーフィットを意識する**ことです。

「衛生要因」とは、アメリカの臨床心理学者であるフレデリック・ハーズバーグの「二要因理論」の中で提唱された概念です。

ハーズバーグは、1959年、200人のエンジニアと経理担当事務員に対して、次のような調査を行いました。「仕事上でどんなことに不幸や不満を感じたか」と「仕事上でどんなことに幸福や満足を感じたか」についてです。

その結果、こんなことがわかりました。

人が不満を感じるときは、その関心は「自分たちの作業環境や条件」に向いています。一方、仕事に満足を感じるときには、その関心は「仕事そのもの」に向けられています。ハーズバーグは、この2種類の感情を、こう名づけました。不満足に関わる要因は「衛生要因」、満足に関わる要因は「動機付け要因」です。

このように、仕事に対する満足をもたらす要因と不満足をもたらす要因は異なるものです。つまり、不満足の原因である「衛生要因」をとりのぞいたとしても一時的な効果しか見られず、やる気の源にはならない。そうフレデリック・ハーズバーグは結論づけています。

労働時間や報酬などの衛生要因について考えてみましょう。週に何日間、何時間働くのか。時給はいくらなのか。そのような要因が衛生要因です。

この衛生要因にフォーカスして募集すると、給与目的の人（お金欲しさの人）や、短時間労働が目的の人（できる限り楽して稼ぎたい人）ばかりが集まってしまいます。ですから、こうした**衛生要因を前面に出して募集すればするほど、集まってくるメンバーはカルチャーフィットとは縁遠くなってしまいます。**

中小企業の場合、衛生要因よりも会社のカルチャーを前面に出すことをおすすめします。**会社の理念、価値観、どういう仕事をしているのか、それらを前面に出します。これらを出せば出すほど、会社の方向性と個人のやりたいことが共鳴している人が来てくれます。**

そういう人は、「この会社を通して世の中を変えるのだ」という強い思いを持って仕事をしてくれます。当然、高いパフォーマンスを出してくれます。

もし衛生要因を前面に出して採用してしまった場合、そういう人は、もっと条件の良い会社があったらそちらに移ってしまいます。もっと報酬の高い会社を見つけたり、優秀な人であればヘッドハンターからより好条件で声が掛かったりすれば、そちらの企業に移ってしまうはずです。

残念ながら、多くの企業は「うちは高収入です」と衛生要因で人を採用しようとしています。いわば、札束で相手の頬をひっぱたくような採用方法です。これでは札束をもっとたくさん持ってひっぱたける会社には負けてしまいます。

もちろん安い給料でこき使えと言っているのではありません。衛生要因ばかりを伝える採用方法では、会社への思いが低い人が集まりやすいということをお伝えしたいのです。

3つ目のポイントは、**リクルートメントマーケティングを意識する**ことです。

ただ単に、店先や街中で、看板やポスターに「社員募集」「アルバイト募集」と書いておけば採用できるような時代は終わりました。

今はどこの会社も人手不足です。団塊の世代と呼ばれる人たちが定年で会社を辞めて、人手が足りなくなっています。それによって若者の失業率は下がり、道端に看板を出していたぐらいでは、人は集まらないのです。

大手のコンビニでさえ夜間のスタッフが確保できず夜間営業をやめてしまった店舗もあります。都心のように人口が多い都市でさえ人手不足なのですから、地方であればなおさらです。

こういった時代には、真剣にマーケティングを意識してリクルート活動をしないと人が集まらないでしょう。**まるでお客さんをマーケティングするかのように、候補者をマーケティングする。**これがリクルートメントマーケティングです。

集客のためにブログを書いたり、ＹｏｕＴｕｂｅで発信をしたりしている人はいますが、候補者を集めるためにブログやＹｏｕＴｕｂｅをやっている人の話はあまり聞いたことがありません。おそらくほとんどいないと思います。

エッセンシャルでは、毎週1回私が候補者に向けてブログを書き続けています。

つまり、集客をするのと同じぐらいの意識を持って、リクルートメントに力を入れてほしいのです。

自社の仕事の仕方を発信する

会社の価値観を週に1度、ブログに書き続けていることが、採用に本当に役立っていると実感しています。「この会社で働くときに何が重要なのか」、「どういったものを大切にして欲しいのか」。そういった情報を発信し始めたところ、功を奏しました。

ただ単に報酬目当てで働くような人の応募が減って、会社のビジョンに共鳴した、という人が増えました。会社の価値観にマッチする人からの応募が多くなったのです。

また、試用期間で一緒に働いた後のアンマッチも減りました。つまり、「働いてみたら、

こんなはずじゃなかった」ということが、とても少なくなりました。これは、お互いにと

って有益なことです。

私のブログでは、会社の良いところも悪いところもできる限り包み隠さず公開していま
す。一般的には、良いところだけを情報発信しようとすることが多いと思いますが、それ
では意味がない。採用になったら、その瞬間から会社の実情に触れるわけです。すると「あ
れ？　こんなはずじゃなかった」とすぐに退職してしまうからです。

ブログなどの文章でも、音声でも、動画でも、方法はなんでもいいと思います。**インタ
ーネット上に蓄積されて、候補者が見られる情報を発信し続けていきましょう。**

今から情報発信していけば3年後の人事が楽になります。逆に言えば、今から情報発信
をしておかないと3年後も今と変わらず苦労をすることになります。

では、何をどう情報発信すればいいのか。ポイントは、すでに情報発信をしている人の
マネをすることです。

あなたの同業他社でもブログやＹｏｕＴｕｂｅやＳＮＳなどで情報発信をしている人は

いるはずです。ＹｏｕＴｕｂｅやＳＮＳで、自分の業種名を検索してみてください。

その中から、「こんな情報を見たら、この会社で働いてみたくなるな」というものを見つけましょう。それを、自社に置き換えて、情報発信すればいいのです。

もし検索しても同業他社の情報発信が見つからなかったら、私がどのように情報発信をしているのかを参考にしていただいても構いません。「エッセンシャル　ボーディングサイト（採用サイト）」とグーグルで検索していただくと、私のブログが見つかるはずです。

採用面接は、構造化面接にせよ

候補者が集まってきたら、いよいよ採用面接です。おそらくほとんどの会社は採用面接がうまくいっていないのではないかと思います。なぜなら、私の周りの起業家に聞いても、エビデンスに基づいた採用面接をしている会社をほとんど聞かないからです。

これはアメリカの心理学者であるフランク・シュミットが、過去１００年間に行われた採用選考において、どういった手法に正確性があったのかを調べた研究です。採用面接の際に行われた項目とその信頼度を明らかにしています。

1位	ワークサンプルテスト	0・54
2位	IQテスト	0・51
2位	構造化面接	0・51
4位	ピアレーティング	0・49
5位	職業知識テスト	0・48
6位	インターンシップ	0・44
7位	正直度テスト	0・41
8位	普通の面接	0・38
9位	前職の経歴	0・18
10位	学歴	0・1

ここに出ている数字は採用結果との相関係数を表しています。0・5以上は強い相関があり、0に近くなるほど採用結果との相関が低くなります。

この数値をみるとわかりますが、学歴や前職の経歴はかなり相関が低い。面接が下手な人は、学歴や前職の経歴を聞きます。ところが、これらは相関係数が0・1や0・18と極めて低く、実はほとんど聞く必要のない質問なのです。

逆に行う必要があるのは、**ワークサンプルテストとIQテストと構造化面接**です。この3つはいずれも相関係数が0・5を超えています。統計分析の観点から言うと、相関係数が0・5を超えれば、かなりの相関があると言えます。

この3つについて、順に解説します。まず、ワークサンプルテストとはなんでしょうか。これは、**実際の仕事で必要になるタスクをやってもらい、そのパフォーマンスを既存のメンバーに評価してもらうもの**です。

実際に、グーグルもこのワークサンプルテストを面接に取り入れています。面接のときに候補者にプログラムを実際に書いてもらい、そのプログラムを書くスピードや質を評価しています。これが科学的に最も信頼できる面接の方法です。

おそらくほとんどの会社では、ワークサンプルテストなしで正式採用に至っているのではないでしょうか。エッセンシャルでは、面接時ではなく試用期間中にワークサンプルテストをしてもらっています。

たとえば、候補者がコピーライターであれば、実際にコピーを書いてもらいます。社内のコピーライターにコピーを書くスピードや、コピーの出来を評価してもらうのです。これによって候補者のパフォーマンスが判断できます。

2つ目がIQテストです。日本ではIQについて触れるのはタブーのようなところがありますが、IQは仕事のパフォーマンスの30％から70％を説明してくれます。ここからは『階級「断絶」社会アメリカ』などの著者で知られるチャールズ・マレーの研究結果をご紹介します。

特に複雑な仕事、たとえば専門職や管理職の場合は、IQとの相関が0・74と、かなり強い相関があります。つまりIQが高い人のほうが専門職や管理職になりやすいのです。単純労働では相関係数が0・56で、弱いながらも0・5以上の相関があります。

職種にもよりますが、**難易度が高い仕事をお願いしたいのであれば、その人のIQを計測するといい**でしょう。

また、IQがあまりにも低い場合は、いろいろな問題を起こす可能性があります。たとえば、上位5％のIQの人と、下位5％のIQの人をここでは比較します。

アメリカにおいて、下位5％に該当するIQの男性で、仕事を1か月でクビになる人が22％いることをマレーは明らかにしました。他方、上位5％に該当するIQ保持者の男性では10％しかいないため、倍以上も違います。

そして、3つ目に有効なのが、構造化面接です。**構造化面接とは一般的な面接とは異な**

り、「すべての候補者に、全く同じ質問をする面接」のことです。

一般的な面接では、何を質問するかは面接担当者のさじ加減で左右されます。面接担当者がそのときに思いついたこと、自分が聞きたいと思ったことを質問していることが多い。一方で、構造化面接は、どの候補者に対しても、全く同じ質問をします。

構造化面接のメリットは、面接担当者が誰でも、ほぼ同じ基準で候補者を評価することができることです。面接者による評価のばらつきを抑えることができるのです。

構造化面接の中で、エッセンシャルが実施しているのはパフォーマンスベーストインタビューと呼ばれるものです。これは、候補者の「過去のパフォーマンスを尋ねる質問」のことです。

たとえばこういった質問です。

「あなたは過去に意思決定において迷ったことはありましたか？　もし迷ったとしたら、そのときどのように考えて行動したのか、時系列で教えてください」。

「あなたがお客さんから強い口調で苦情を言われたことはありましたか？　もしあれば、そのときにどう対応したのか具体的に教えてください」。

「過去にあなたが、周りから反対されている状態で、リーダーシップを発揮したことはありましたか？　もしあれば、どのような行動をしたかを順を追って教えてください」。

このように、**候補者が過去に考えたことではなく、「過去に実際にとった行動」について、具体的に聞いていくもの**です。実際にとった行動には、その人の価値観が表れます。


逆に尋ねないほうが良いことは「弊社への志望理由は何ですか？」とか「弊社の理念や価値観の中で共感できるのはどれですか？」とか「あなたの長所や短所はなんですか？」という質問です。面接の準備や練習さえすれば、何とでも言えるからです。

極端に言うと、嘘をつくこともできます。口が上手い人、説明が上手い人にとって有利になるだけで、実のところ、その人の実際の考え方はわかりません。

だいたい、会社の価値観によほど合わない人でない限りは、面接でもっともらしいことを言うことが多く、あまり役に立ちません。ですから「過去に実際にとった行動」を聞くようにしています。**過去の行動を聞けば、候補者の価値観を精緻に判断できます。**

私のクライアントでも、候補者に過去の行動を聞かずに面接に失敗した会社がありました。候補者が「御社の価値観に共感しました」ともっともらしいことを言うので採用したそうです。しかし、採用後に候補者がとった行動は、会社の価値観と正反対のことばかり。「理念や価値観に共感しました」と口ではいくらでも言えるのです。

パフォーマンスベーストインタビューについて詳しく知りたければ、「US Department of veterans affairs」という英語のサイト内で、「Performance Based Interviewing (PBI)」と検索していただくと、いろいろなジャンルの質問例が出て来ます。

面接時に候補者の顔は見るな

意外に思われるかもしれませんが、エッセンシャルでは**面接が完全に終わるまで候補者の顔を見ることはありません。**面接も対面ではなく、オンライン上でカメラはオフにして、声だけが聞こえる状態で行います。

顔を見ないで面接をしているのには、3つの理由があります。

1つ目は非常にリベラルな理由です。近年、履歴書などに個人の写真を貼ってはいけない国が増えてきています。

日本では、まだこの意味にピンとこない人も多いかもしれません。

たとえばアメリカでは人種差別がありますね。アフリカ系アメリカ人(黒人)の写真だというだけで、落としてしまう面接担当者がいます。写真を貼付しないのには、**人種がわからないように配慮する目的**があります。

それでもアメリカでは、アフリカ系アメリカ人（黒人）らしい名前だというだけで、落とされることが起きています。

私たちも人種差別の点についてはとても配慮しています。

2つ目の理由は、**人間の服装は、大きな第一印象を作り出してしまうから**です。

これは『第一印象の科学』という本の著者、アレクサンダー・トドロフの研究で明らかになっています。裕福そうな服を着ている人のほうが、貧しそうな服を着ている人に比べて、驚くほど優秀だと判断される事実があります。つまり、服装だけでその人の優秀さが判断されてしまうのです。

その中で、さらに興味深いことがあります。面接担当者に被験者になってもらい、実験の後にネタバラシをしました。

「裕福そうな服を着ているこの人は、服装は裕福そうですが、実際は貧しい人なのですよ」と。ところが、それでも第一印象の評価は変わることはなかったのです。

人間の認知は、呆れるほどゆがんでいます。人の服装によって強い第一印象、大きなバイアスが作られてしまう。それ以降は自分のバイアスを正当化するような情報を面接担当者はかき集めようとします。自己正当化しやすいのです。

もし第一印象で裕福そうな服を着ていて、優秀だと判断されたとしたら、仮に優秀ではないところが見えても、面接担当者はそれを見過ごしてしまうのです。

実際に、アカデミズムの世界でも、面接をせずに採用を判断したほうが、優れた学者を選べると言われています。

3つ目の理由が**容姿の良さによる影響があるから**です。

採用における女性被験者の評価

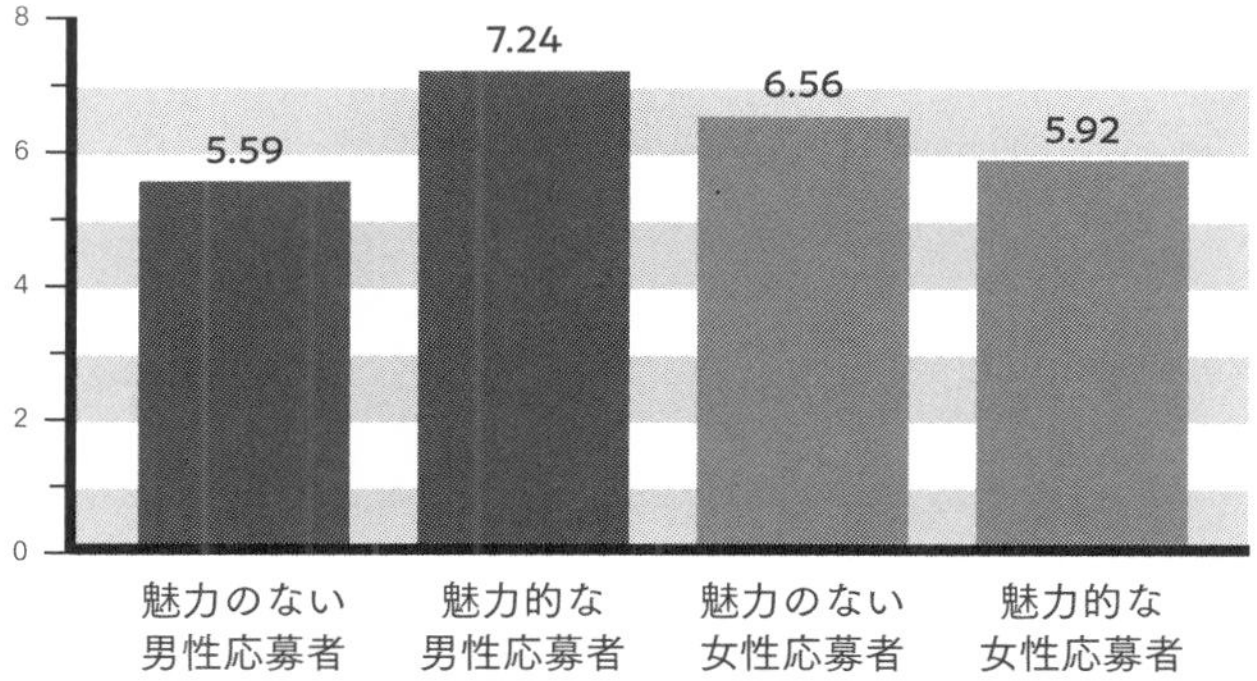

M.Agthe et al.“Does Being Attractive Always Help?” より作成

この論拠は、２０１１年のミュンヘン大学のマリア・アグーテの研究です。

この研究では、女性の面接担当者は容姿の良い男性に高い評価を付ける一方で（７・２４点）、容姿の良い女性には低評価を付けた（５・９２点）という結果が出ています。しかし、容姿の悪い男性に低評価を付ける一方で（５・５９点）、容姿の悪い女性には高評価を付けた（６・５６点）のです。

興味深いと思いませんか。**女性の面接者は、イケメンには優しく、そうではない男性には厳しい評価を付ける。しかし、美女には厳しく、そうではない女性に優しい評価を付けるのです。男女で容姿による評価が逆なのです。**

男性に比べて女性は容姿で選ばれることが多いので、女性の面接者は無自覚のうちに、容姿が良い女性に対して嫉妬したり敵対心をもってしまったりすることがあると言えそうです。

私は面接を通じて優れた人を採用したいと考えています。そこで顔を伏せたまま面接をおこなっています。

顔が見えるようにすると、候補者の容姿によって、面接担当者の心にかなり大きなバイアスが作られてしまいます。そのバイアスを減らすために、できるかぎり候補者の顔を見ないようにしているのです。

採用基準を明確化する

グラデーション組織を作るときに大切なのが採用基準の明確化です。

いわゆるワンマン経営の会社だと、社長や人事部長が最終面接をおこなって、そのさじ加減で採用の可否が決定することが往々にしてあります。最終的に「採用基準は何ですか」と聞かれると誰もうまく答えられない、ブラックボックスになっている場合が多いのです。

その結果、社長や人事部長が男性だと、女性の社員を「顔で選んだらしい」などと変な噂が立ってしまうこともよくあります。本人は顔で選んだつもりはないのかもしれませんが、採用基準が明確化されていないと変な噂が広まってしまいかねません。

前節でお伝えした通り、私達のバイアスは相手の服装や容姿によって大きな影響を受けてしまいます。面接者が男性であれ女性であれ、容姿の良い異性の候補者に高い評価を付けてしまうことがあるのは、ある意味、致し方ないのです。

グラデーション組織を作るには、誰が面接をやってもほとんど同じような評価になるように仕組み化をしていく必要があります。

たとえばエッセンシャルでは、採用面接の結果をすべて残しています。つまり、面接時にどんな回答をしたか、実際に候補者が話した音声、応募時に送ってきた内容など、本当にすべてです。

さらに候補者に対して、各面接者が付けた点数とその点数の論拠を言語化した記録も、すべて残っています。

ですので、候補者を比較することが可能になるのです。また、構造化面接ですべての候補者に同じ質問をしているので、比較しやすいのです。

比較することによって、採用面接プロセスの改善もできます。今までのすべての採用面接が記録に残っているからです。当然、仮採用になったものの試用期間で終了してしまい、本採用まで至らなかった人の記録も含まれています。

なぜ会社にフィットしない人材を仮採用にしてしまったのか、その原因を分析し、質問を改善するのです。

また、その候補者は面接のときにどういう受け答えをしていたのかを調べなおし、同じようなタイプの候補者が出てきた場合、事前に対象外とすることもできます。

エッセンシャルでは、このようなプロセスをひたすら繰り返してきています。ですから、私以外のチームメンバーが面接しても、候補者がエッセンシャルに合っているかどうか、チームに入った後にハイパフォーマーになるかどうかがわかるようになっています。

このように採用基準を明確化しておくと、チームメンバーは安心して仕事ができ、安心して新しいチームメンバーを迎え入れることができます。

つまり、少なくとも「社長がコネで採用したんじゃないか」「人事部長が顔で選んだに違いない」などと思われることはありません（笑）。

第4章

実例紹介！
グラデーション組織の運営の仕方

ＩＴを活用して情報を公開する

本章では、エッセンシャルが具体的にどのようにグラデーション組織を作っているのかをご紹介します。

まず**重要なのは情報公開**です。本書の2章でも「情報制限は現代のカーストを生む」という話をしました。できる限り多くの情報をしっかりとメンバーに共有することがポイントになります。

ほとんどの社長は、メンバーと情報を共有することに対して不安があることでしょう。個人事業主でもビジネスオーナーでも同じです。

「チームメンバーが機密情報を流出させるのではないか」とか、「こんな重要な秘密を知ってしまったら、会社を辞めて独立するのではないか」など、いろいろな不安が頭をよぎるかもしれません。その気持ちは私もよくわかります。

ここで重要なことは、いきなりすべての情報を会社全体に公開しないこと。**部署単位、あるいはプロジェクト単位でまずは情報を公開していくこと**です。それによって、少しずつ不安に体を慣らしていくわけです。

これは、心理学用語では暴露療法（またはエクスポージャー療法）と呼ばれます。不安なことに少しずつ身をさらすことで、不安を和らげていくのです。ＰＴＳＤや強迫性障害、不安障害、恐怖症などに有効で、数多くのエビデンスと臨床実績があります。

たとえば、サーカスで綱渡りをする団員をイメージしてみてください。

最初は、地上からの高さが30㎝くらいの綱を渡る練習をします。30㎝ですから怖くも何ともありません。30㎝くらいの綱が渡れるようになったら、今度は50㎝くらいの綱で練習します。そして、恐怖心を持たずに渡れるようになるたびに、綱の高さを少しずつ上げていきます。

綱の高さを上げたときには恐怖心は出てきますが、次第に慣れていきます。そして、最終的には高さ10ｍの綱渡りができるようになるわけです。

いきなり高さ10ｍの綱渡りができる人は誰もいません。不安で体がガチガチになってしまいます。ですから、高さ30㎝から練習していくのです。

情報共有もこれと同じです。

最初は、あなたが最も安心感を感じられる、心理的距離が近いメンバーに情報を公開してみる。あるいは、少人数のチームを選ぶといいでしょう。もし仮に何か問題が起きても、あなたがコントロールしやすいプロジェクトから始めることです。

また、公開する情報も、小さく試していきます。マーケティング施策の情報がもっとも重要なのであれば、それは後回しにして、比較的重要度が低いどうでもよい情報から公開していくのです。その過程で情報を悪い形で使ってしまう人がいないかどうか、チームメンバーの挙動を観察できる状態にしておくことが重要です。

まさに暴露療法で、徐々に情報共有の範囲を広げていくと、おそらく次のような実感を得られます。

「情報公開をしても大きな問題は起こらないものだな」。

「むしろ情報を公開したほうが、チームメンバーが自発的に行動してくれるようになったな」。

もう1つ、**情報公開にあたって重要なことはIT活用**です。私のクライアントでも、グラデーション組織を作ろうとして、うまくいっていない人を見かけます。彼らは、往々にして、ＩＴの仕組みがない状態で情報公開をしようとしています。

ＩＴを使わずにチーム内で情報公開をすることは、非常に難しいと言わざるを得ません。会社の物理的な掲示板に大量の情報を紙で貼る事はできません。また、情報のアップデート時に紙を貼り替えるのは面倒です。情報共有する側にとっても、される側にとってもハードルが生まれるのです。

初心者が情報共有するのにおすすめなツールは、グーグルドキュメントやグーグルドライブなどです。操作しやすくわかりやすいので、こういうツールを使うといいと思います。使い方などの詳細は、検索してみてください。これだけで本が1冊書けるようなボリュームになるので、具体的な使い方については割愛します。

さて、あなたが情報公開しても、それを見ないメンバーもいます。「せっかく自由に閲覧できるのに」と気を揉む経営者もいるのですが、その心配は無用です。

大切なことは、チームメンバーが「いつでもどんな情報にでも」アクセスできる権限を作っておくことなのです。

メンバーにも人それぞれ価値観には差があります。心配性な人は会社の決算の数字が気になるので見るでしょう。一方、リスクテイクをするのが好きな人は、売上を伸ばすためのマーケティングデータに興味を持って見るかもしれません。人によって見たい情報の種類が違うのです。

もちろん、多くの人に読んでほしければ、平易で短い文にするなどの努力は必要です。しかし、もとよりすべてのメンバーが等しくすべての情報を見るわけではないのです。

しかしながら、**情報を公開すればするほど、数多くのチームメンバーが自発的に考えたり、新しい戦略を考えたりしてくれるようになります。**

もし、あなたが、チームメンバーが主体的でないことに不満を持っているとしたら、それは、メンバーが考えるための情報が不十分だからかもしれません。

会社や業種によって違うのですが、情報共有する範囲は、チームメンバーが「こんな機密情報を教えてもらって、自分は信頼されているな」と感じる範囲がいいでしょう。言い換えると、あなたが「この機密情報をチームメンバーに悪用されるとまずいな」と感じる範囲と言ってもいいかもしれません。

それくらいの情報を共有しないと、情報共有のメリットはあまり得られません。

意思決定権をチームメンバーに与える

グラデーション組織を作るときに大切なことの1つは、**意思決定権をチームメンバーに与える**ことです。つまり、稟議書のスタンプラリーをしなくても、メンバーが意思決定できる状態にすることです。しかも、メンバー全員をです。

いきなりメンバー全員に意思決定の権限を与えるのが不安な場合、情報共有と同様に少しずつ意思決定の権限を与えていけばいいのです。あなたが安心安全を感じられるプロジェクトを1つだけ選び、そのメンバーにだけ意思決定の権限を与える。

それで様子を見て、うまくいきそうであれば、他のプロジェクトでも同じことをおこなっていくのです。

エッセンシャルでは、意思決定において、助言プロセスという手法を採用しています。**まず提案者は、その意思決定によって影響がありそうな人全員から助言をもらいます。その助言を真摯に検討して意思決定するというプロセスを踏むのです。**

ここで大切なことは、その意思決定によって影響を受ける人全員から助言をもらう時間を「しっかりと」設けることです。

特にエッセンシャルのようなリモートワークの場合は、オフラインの仕事とは異なり、即時にレスポンスがもらえるとは限りません。

オフラインの仕事なら、同僚や上司に資料を見せて、その場でアドバイスをもらうこともできるでしょう。しかしリモートワークでは、メンバーがいつパソコンに向かって仕事をしているかは、まちまちだからです。

エッセンシャルでは、助言プロセス時に助言を受け付ける日数について、このようなガイドラインを設けています。

1営業日：緊急時、トラブル対応、急ぎの意思決定。即答できると想定できるテーマ。

3営業日：通常の意思決定。１人～10人程度に助言を求めるときに設定する。

4営業日以上：熟考が必要と想定できるテーマ。10人以上に助言を求めるときに設定する。

このように、細かなことから重要なことに至るまで、メンバーの誰でも自分で意思決定をする権限を与えられています。

たとえば、実際に私たちのチームであったチャットでのやり取りをご紹介しましょう

（一部、改変しています）。

ステップ1. あるチームメンバー「次のイベントの集客メールを、エッセンシャルの日刊メールマガジンで、10月1日から配信したいです。同メルマガで配信されている[redacted]というサービスの集客期間を避けてその日程にしたいと考えました」。

ステップ2. 他のチームメンバー「[redacted]というサービスの集客終了後、1週間ほど冷却期間（セールスしない期間）を置いたらどうでしょうか？　続けざまにセールスされると、読者は辟易しそうです」。

ステップ3. 意思決定をするチームメンバー「助言を受け付ける期間が終了したので、このまま進めます。ただし、配信開始日は1週間遅らせて、10月8日からにします」。

ただ、助言プロセスという仕組みを導入しても、最初はなかなか活用されないことが多いのです。

実際に、エッセンシャルがコンサルティングしているクライアントの会社からも、こんな声を聞きます。

「せっかく意思決定の権限を与えたのに、誰も決定してくれず、結局自分がいつまでたっても意思決定をしている」と。

そこで、この状況を打開するために、**私がおすすめしたいのは、1on1（ワン・オン・ワン）をすること**です。

1on1はシリコンバレーなどで行われているミーティングの方法です。1対1で話をすることです。だいたい時間は30分ほどでしょうか。

そのときに、メンバーが今悩んでいることやフラストレーションを感じていることなどをヒアリングします。そして、その解決策を一緒に考えます。

もし良い解決策が思いついたら、「では、それを今度助言プロセスしてみてください」と背中を押すといいのです。

その際、間違ってもあなたが助言プロセスをしてはいけません。必ず、チームメンバーに助言プロセスをしてもらいます。すると、「本当に誰でも助言プロセスをしていいんだ」と実感を持ってもらえます。

また、他のチームメンバーが助言プロセスをしているところを見て、「私もあんな風に助言プロセスをすればいいんだ」と学んでもらえます。

私も今の会社をグラデーション組織にしていくときに、最初の1～2年は1on1をひたすら繰り返して、背中を押していました。そうすると、助言プロセスが徐々に会社の文化になっていきました。

最近入った新しいチームメンバーは、「助言プロセスや意思決定の仕組みが会社の文化としてすでに確立した中」に入ってきます。よって、すんなりと意思決定の仕組みに馴染んでいきます。

助言プロセスを根付かせるまでは大変ですが、徐々に慣らしていきながら、文化として醸成しましょう。

定期的に理念や価値観をアップデートする

一般的な会社では、会社の理念や価値観は絶対的なもので、それに合ったメンバーだけをそろえようとします。あるいは会社の価値観に合わせるように社員教育しようとします。

ひどい会社だと、理念や価値観が絵に描いた餅に堕している場合もあります。理念や価値観を美辞麗句として一応は飾ってはいるものの、実際は売上や利益を最大化することが、理念や価値観よりも優先されている残念な状態です。

おそらく、この本をここまで読んだセンスのある読者であれば、そんな状態は目指していないですよね。利益と理念を両立させたいところだと思います。

ただ、ここで注意点があります。

それは、チームメンバーが、「今の」チームの理念や価値観に真摯に耳を傾ける必要があるということです。

面白いことに、この**グラデーション組織は、理念や価値観がどんどん変化していきます。**

誰か1人新しいメンバーが入っただけで、あるいは誰か1人が抜けただけでも、理念や価値観が変わることさえあります。組織の中が常に変化している生命体のようなものなのです。

場合によっては、好ましくない方向に変化していくこともあります。

価値観が望まぬ方向に変わっていくケースには、次の2つがあります。

1つは、採用のプロセスがうまくいっていない場合です。**価値観の合わないメンバーを**

導き入れてしまったら、組織に望ましくない影響を与える可能性があります。

その場合は、前述した構造化面接の内容など、採用プロセスを見直してみることです。明らかにカルチャーにフィットしないメンバーが入ってきているようなら、採用プロセスを変更しない限り、そういった人が今後も、入り続けてしまいます。

もう1つは、入ってきているメンバーはチームにフィットしているけれど、居心地が悪い場合です。

グラデーション組織は、一般的な組織よりもはるかに流動的です。すると、チームの居心地にも変化が起きます。**居心地が悪いとメンバーが感じているような場合は、もしかしたら理念や価値観を更新するタイミングなのかもしれません。**

例えるなら、「マイホームに住んでいるうちに、家族の嗜好や生活スタイルが変わってきて住みにくくなってきたので、リフォームする必要が生じた」という状況です。メンバーが居心地良くなるように、理念や価値観もリフォームする必要が出てきているのです。

定期的に、チームの中で起こっている違和感やモヤモヤやフラストレーションが、どんな原因から起きているのかを話し合ってみることをおすすめします。

そのうえで、「では、どういった理念や価値観にすれば、多くのメンバーにとってより良くなるのか」と考えるようにします。

ティール組織ではこれを「エボリューショナリーパーパス」と呼びます。「エボリューショナリー」とは「進化する」という意味ですが、その名の通り、存在目的がどんどん進化して変わっていくのです。

ダイバーシティは目標ではなく、結果

ここ10年ほどで、ダイバーシティという言葉をよく目にするようになってきました。ダイバーシティとは多様性のことですね。メンバーの性別・出身国・キャリア・年齢・学歴・宗教などが、偏っておらずバラバラであることを指します。

ダイバーシティで重要なのは、ダイバーシティを「目標」にするのではなく「結果」にすることです。ダイバーシティを目標や目的にして、そのために多様なメンバーを採用しても、優秀なメンバーはそろいません。

まず大切なのは、自分のチームにおいて、理念や価値観に合っている人はどういう人なのか、どういう仕事ができる人が欲しいのかを明確にする。そのうえで、カルチャーにフィットした人を採用する。その際に、性別・年齢・国籍・学歴などを全く気にしない。そうすると、結果的に、いろいろな人が集まります。これが、「結果」としてのダイバーシティです。

前述したように、学歴と仕事のパフォーマンスは、相関がほとんどありません（相関係数0・1）。そう考えると、学歴で人を評価する意味はありません。コイン投げをして、その人のパフォーマンスを予想するのと同じくらい、バカげたことです。

グーグルなどの大企業が履歴書に大学名を書かせなくなったのは、そういったことが理由です。大学名を聞いたところで何の意味もないのです。それよりも、ＩＴ企業であれば、プログラミングの能力があるかどうかにフォーカスしたほうが何倍もいいのです。

私もいろいろな人材を見てきましたが、学歴がなくても仕事で高いパフォーマンスを出す人はたくさんいます。そのパターンはだいたい3つあります。

1. 5教科以外のことに興味があって、美術大学や音楽大学、体育大学、専門学校などに行った人
2. そもそもあらゆる勉強に興味が持てずに、高校を卒業してすぐに働いた人
3. 家庭やお金などの事情で、大学に行けなかった人

学歴だけで人を見てしまうと、このような人の中にいる優秀な人を見つけられません。学歴にこだわらないことで、優秀な人を取りこぼさないのです。

エッセンシャルでも、学歴のみならず、出身や性別などは尋ねていません。理念や価値観に合っている人を採用しています。その結果としてダイバーシティが成立しています。

コンサルティング会社のＢＣＧが、ミュンヘン工科大学と共同でおこなったダイバーシティの研究結果があります。これは、ドイツ・スイス・オーストリアの１７１社を対象にして、次の6項目でのダイバーシティについて調べたものです。

- 性別
- 出身国

●キャリアパス（複数企業で働いた経験）
●産業（調査対象企業が属する業界以外の業界で働いた経験）
●年齢（年齢層の広がり）
●アカデミックバックグラウンド（学位の種類等）

この中で、**性別・出身国・キャリアパス・産業については、ダイバーシティがあればあるほど、新商品やサービスの収入が増えている結果になっています。**

学歴については相関がなかったので、学歴のダイバーシティはあってもなくても関係がないということです。

ただ、意外だったのが年齢です。年齢については、ダイバーシティがあればあるほど、つまり年齢のばらつきがあればあるほど新商品やサービスの収入が減っています。この理由は不明です。

いずれにしても、多くの項目においてダイバーシティがあればあるほど良いということが言えます。ダイバーシティを目標にするのではなくて、理念や価値観にフィットした人を採用した結果として、ダイバーシティが推進できるチーム作りが良いのです。

少なくとも今をときめくグーグルやアップルのような会社は、世界中から優秀な人を採用しようとしています。その結果としてダイバーシティが成立しています。

優秀な人を採用したいなら、国籍や性別や学歴にこだわっている場合ではありません。そんなどうでも良いところにこだわって差別的な採用活動をしていると、優秀な人は採用できません。ひいては会社の業績が傾くことになります。

ビジネスの流れを明確にする

「グラデーション組織の方向性は誰が決めるのですか」とか「エッセンシャルはどちらに進もうとしているのですか」と、私はよく尋ねられます。

一般的な会社経営では、社長や取締役などの役員が明確に会社のビジョンを提示して、「この方向に進もう」と舵を切っていることが多いと思います。言ってみれば、役員の忠実な下僕として、社員が存在しているといえます。

一方でグラデーション組織であるエッセンシャルでは、私の声がことさら大きいことはありません。「鶴の一声」のように、私の一声でメンバーが動くようにはなっていないということです。

なぜなら、私以外のメンバーも意思決定権を持っているので、全メンバーが好きな方向に進むことができるからです。

これには、新しくチームに入ったメンバーが面食らうときがあります。私の声に耳を傾けても、チームの方向性がわからないからです。

一般的な会社では、こういう問題はほとんど起こりません。社長が言っている方向とちがう方向に会社が進むことはありえないからです。

ですから**自分たちのビジネスがどういう流れで動いているのかを、チームの中で共有する必要があります。**

たとえば、どうやって集客し、どうやって販売して、どうやってサービス提供をするのかを明確にしておかなければなりません。ウェブ集客をしているなら、「お客さんに最初にウェブページにアクセスをしてもらい、メールマガジンに登録していただく。次にオンラインの説明会に参加していただき、説明会で商品を申し込んでもらう」というような、マーケティングの流れ全般です。このような流れをチーム内でしっかり共有していないと、メンバーが迷子になりかねません。いつどのようなときに、誰の意見を聞けばいいか、判断がつかないからです。

ビジネスモデル全体を明確にしておくことによって、メンバーが動きやすくなることを覚えておいてください。

これに加えて、**できる限り多くのメンバーがエンドユーザーに会える状況を作っておくと良い**と私は考えています。

エンドユーザーとは、実際に商品やサービスを利用するお客さんのことです。

『ギブ アンド テイク』の著者であり、アメリカの心理学者であるアダム・グラントも社員がエンドユーザーに会うことをすすめています。

2007年に彼がおこなった実験ですが、大学の寄付金調達係の人たちに学生たちと面会をしてもらいました。そうしたところ、より多くの寄付を募ることができ、週の電話のアポイント時間は142％アップし、収益が400％にまで増えました。

収益が増えた理由は、寄付金調達係の人たちが学生たちと会うことによってやる気が出て、より積極的に行動するようになったからです。人はエンドユーザーに会うことによってやる気が出るのです。

たとえばエッセンシャルの場合、普通はお客さんと接しないウェブ広告の担当者にも、セミナーやイベントの会場に来てもらっています。もちろんオフラインの場に来ることで「エッセンシャルのお客さんはこういう人なんだ」と臨場感をもって理解できるメリットはあります。すると、広告をより運用しやすくなるでしょう。

ただ、それ以上に重要なことは、「自分が広告を運用することで、これだけ多くの人の人生に良い影響を与えているんだ」という実感を持てることです。「引き続き、広告の仕事を頑張ろう！」と自然と思えます。

私たち人間は社会的な生き物です。お金が稼げるだけでは、やりがいを感じられず働けません。そして、そのやりがいの多くはエンドユーザーからもたらされます。

つまり、**エンドユーザーが本当に喜んでいる姿や、エンドユーザーの人生が変わっているところを見られる状況を作れば作るほど、人はやりがいを感じられるのです。**

ビジネスが複雑になってきたり、会社が大きくなってきたりすると、同僚や取引先だけを気にして仕事をすることになりがちです。エンドユーザーの存在を忘れてしまいます。その結果、モチベーションが下がり、会社のパフォーマンスも下がってしまうのです。

このように、グラデーション組織を作る人にとって、ビジネスの流れを明確にして、かつエンドユーザーと触れ合えるような形を作っておくことが重要になります。

フィードバック文化を浸透させる

フィードバックとは、「たとえ耳の痛いことであったとしても」メンバーのパフォーマンスに対する情報を知らせることです。

たとえば、メンバーにこのようなことを伝えるのは、フィードバックです。

「今の商品の品質はとても良いので、ぜひ今後もこういう商品を作ってください」。

「あなたの営業の仕方には改善の余地があります。最初にもっとお客さんと信頼関係を築いたほうがいいですよ」。

このように、**その人のパフォーマンスが、良かったとしても悪かったとしても、それを率直に伝えること、それがフィードバックです。**

今の日本では、このフィードバックの重要さがあまり知られていないように感じます。それにはいくつかの理由が考えられます。

その1つに、ハラスメントに対して世の中の目が厳しくなっていることが挙げられます。近年、セクハラやパワハラ、モラハラなどで訴えられる人が多くなっています。管理職の中には、「どのように部下とコミュニケーションをすればいいかわからない」と悩んでいる人が大勢います。

何かうかつなことを言ってしまったら、「パワハラだ」と言われかねない。**フィードバックも言い方を間違えるとパワハラになってしまいます。**上手なフィードバックの仕方を身につけたいところです。

フィードバックが日本で浸透しないもう1つの理由は、コーチングやアクティブリスニング（積極的な傾聴）の存在です。上司は部下に対してコーチングやアクティブリスニングをすれば良いという考え方が蔓延しているからです。

コーチングの定義は（コーチング団体によって違いますが）、「本人に自分で気づかせること」です。たとえ改善点に気がついていても、それを相手に教えない場合があるのです。あるいは、会社の業績を上げるために部下を誘導的に動かすことを目的とするコーチングを教えている団体もあります。**このようなコーチングは流行っているものの、フィードバックの重要性はあまり広まっていません。**

フィードバックはとても重要です。前述した１ｏｎ１のときにぜひ使っていただきたいものです。

フィードバックをする際の重要なポイントは、いくつかあります。よくまとまっているのが、アメリカの心理学者ジェニファー・ヘンダーロングの２００２年の論文です。

彼女によればフィードバックのポイントは５つあります。

1. 称賛するときは本心からにする
2. 相手がコントロールできる行動を知らせる
3. 人と比べない
4. 結果や能力ではなく、行動や過程を認める
5. 達成可能な基準と期待を伝える

順を追って、素晴らしい例ともったいない例を対比しながら説明していきます。

1つ目は「称賛するときは本心からにする」です。

例：

△「あなたの営業の仕方は本当に素晴らしいですね。世界一だと思います」

○「昔に比べて、セールスのときのあいづちの仕方がとても上手くなったと思います」

本心からフィードバックをすることがなぜ大切かというと、本心からでないと嘘っぽく感じられてしまうからです。

もしそのフィードバックが、本心からその人のことを褒めているのであれば、とても嬉しく感じることでしょう。

しかし本心ではなく、ただ大げさに言っているのであれば、逆に信頼関係が壊れてしまうことにもなりかねません。あるいは、そこまでひどくならないとしても、信頼関係がその後は積み重なっていかないことになります。

職場の同僚はあなたの事を何年も見続けています。あなたが本心で言っているのかどうか、なんとなくわかります。

ですから称賛するなら、本心を伝えることが大切なのです。

2つ目は「相手がコントロールできる行動を知らせる」ということです。

フィードバックが下手な人は曖昧模糊《あいまいもこ》としたフィードバックをしてしまいます。

例：

△「セールスのときにお客さんへの愛を込めようね」

○「セールスであいづちを打つときに、もっとゆっくりとうなずくと良いよ」

「愛を込めようね」という言葉はとても曖昧です。こんなフィードバックをもらうと、相手はどう行動していいかわからなくなってしまいます。

これは私も反省する点です。以前、文章に対するフィードバックで「もっと、グッとくるような文章を書いてほしい」と言ったことがあります。言われた相手はとても困っていました（笑）。そう言われても、具体的にどう書けばいいのかわからないからです。

大事なことは、相手の行動レベルで、具体的に何をすればより良くなるのかを明確に示してあげることです。

もしフィードバックをしても相手の行動が変わらないとしたら、その原因は具体的ではないことかもしれません。

3つ目は人と比べないことです。

例：

△「あなたのパフォーマンスは、営業部の[redacted]さんよりもすごいですね」

○「セールスのときにトラブルがあっても慌てなくなっていて、そこが以前より良くなりましたね」

このように、比べるなら他の人とではなく、その人の昔の状態と比べます。フィードバックされた人は、自分の成長を感じられるので、もっと努力しようという気持ちになるからです。

人と比べてしまうと、たとえそれがチーム外の人だとしても、結局その人の自己肯定感をそこなうことになります。人は、常に人と比べられていると、人と比べて自分はどの立ち位置なのかを判断するような思考回路になってしまうからです。

人と比べられることで、その場では奮起して行動したとしても、だんだんとその人の自己肯定感が下がったり、あなたへの信頼度が下がったりしてしまいます。そうすると、あなたのフィードバックに耳を傾けてくれなくなってしまいます。

4つ目は、結果や能力ではなく、行動や過程を認めることです。

例：

△「あなたはセールスの才能があるね」

○「あなたがセールスをする前に見込み客の情報をコツコツと集めたり準備をしたりしていたので、それが成果につながったんだね」

△のフィードバックがもったいない理由は、能力を褒めているからです。これだと、努力をしなくなってしまいます。努力しないほうが能力を証明できるからです。

○の例のように行動や過程を褒めると、努力をより増やそうとします。

本件について詳しく知りたい向きは、スタンフォード大学のキャロル・ドゥエックという心理学の教授が書いた『マインドセット「やればできる！」の研究』という本を読んでみてください。

最後のポイントは、達成可能な基準と期待を伝えることです。あまりにも非現実的な期待を伝えてしまうと、やる気を失ったり反発を招いたりします。

例：

△「あなたは今、1日平均1件のアポがとれているけれど、あなたなら1日平均20件のアポがとれると思うよ」

○「あなたは今、1日平均1件のアポがとれているから、まずは1日平均2件のアポを目指してみよう」

フィードバックしたい相手が、まだ営業を始めたばかりで全然売上が上がらない段階で、1日に1件のアポがとれればいいレベルだったとします。

そのような相手に「頑張って1日に20件のアポをとれるようになってほしい」という言い方をするのは相応しくありません。

20件という数値は、その人にとっては現実と離れすぎていて、頑張ってもできると思えないからです。ともすると現実逃避をしてしまうことになりかねません。

より良いフィードバックは、今は1日1件のアポがとれているとしたら、「じゃあ1日2件を目指してみよう」とその人ができそうな基準を伝えてあげることです。

最終的には1日に20件のアポをとれるようになってほしいと思っていたとしても、それが今は非現実的だとしたら、「いつかは現実になるかもしれない」と思えるくらい遠い目標として伝える必要があります。

たとえば「5年後には1日に20件のアポをとれるようになってもらいたい」と言うのであれば、「それならできそうだ」と感じるかもしれません。

いずれにしてもその人が聞いた瞬間に「無理だ」と思ってしまうようなフィードバックは、信頼関係を壊してしまうので気をつけたいものです。

以上が2002年のジェニファー・ヘンダーロングの研究です。こういったフィードバックの文化をあなたが率先して作っていくことをおすすめします。

そして、このフィードバックのフォーマットをメンバーに伝えることで、より良いフィードバックが行われる組織になることを願っています。

戦略的雑談のススメ

アメリカのマサチューセッツ工科大学（MIT）のサンディー・ペントランドは「グループの成功に関わるもっとも重要な予測因子は、同僚とのやり取りの量である」と言っています。ここで重要なのはあくまで「量」が大切であって「質」ではないことです。重要ではない話のことを雑談と言います。雑談の「雑」という字は、雑草、雑木林、雑学、雑音などの単語に用いられているように、「どうでもいい」という意味です。

つまり「雑談」は、その名前のとおり「どうでもいい話」なのです。しかし、実はこの**「どうでもいい話」がグループの成功に重要なのです。**

私を含め、多くの社長は、「できるだけ効率的にものを成し遂げたい」と考えてしまいがちです。「より効率的に話をするためには」「より効率的にミーティングをするためには」と、つい考えてしまいます。結果、雑談の量は少なくなってしまうのです。

確かに効率的にミーティングをすることは重要ですが、それ以外の場で雑談が起こらないと、グループやチームがうまくいかないのです。

サンディー・ペントランドはこう言っています。「収益につながる生産性の1／3は、正式な会議『以外』での他人とのやり取りで生じていた」と。

そこで、サンディー・ペントランドは食事に行くときにはみんなで同時に行くようにして、そこで雑談が生まれるようにしました。このように、**戦略的にできる限り雑談が多く生まれるようにしたほうが良いのです。**

ただ、これはリモートワークでは難しいことかもしれません。

リモートワークをしている組織は意識的に雑談が生まれる環境をとにかくたくさん作っていただきたいと思います。

たとえば、エッセンシャルでは、雑談専用のチャットを設けています。

これはその名の通り、どんな話題でも、本当にどうでもいいようなことでも話してよい場になっています。ふざけた写真やつぶやきを投稿して雑談をしています。

他にもミーティングの開始時にグッド&ニューやエッセンシャル&ニューというアイスブレイクをしています。

一般に知られているのはグッド&ニューですね。文字通り「グッド」は「良い」、「ニュー」は「新しい」ということで、「最近起きた自分にとって良いこと」を1人1つずつシェアしてもらいます。

そこで話すことは本当に他愛もないことで、「食べたラーメンが美味しかった」とか、「ダイエットで順調に痩せてきた」とか、そんな内容の雑談です。

エッセンシャル&ニューは、自社の価値観を浸透させるために取り入れている雑談です。エッセンシャルの15個の価値観の中から1つ選び、それにまつわる最近起きた事を話してもらいます。

グッド&ニューにしてもエッセンシャル&ニューにしても、**単なる雑談なのですが、そこからその人の人となりがわかったりして面白いものです。会議のアイスブレイクとしてもよく機能していると感じます。**

ちなみに、1日に2回以上ミーティングがある場合は、できるだけ話す内容を変えてもらっています。1回目のミーティングでグッド&ニューを何か話したら、2回目のミーティングではできればそれと違うグッド＆ニューやエッセンシャル＆ニューを話してもらっています。そうすることによって、より多くの雑談が生まれるからです。

また、ミーティング後には雑談タイムも設けています。最大20分は何でも話しても良い場になっています。

ミーティング自体は効率的に回しているので、それだけでは雑談が生まれないからです。ミーティング後の雑談タイムから新しい商品のアイデアなどを思いつくことも多く、たいへん役に立っています。

最近は、オンラインの「作業会」もしています。オンラインで集まって一緒に作業をするのです。もちろん黙って1人で黙々と作業していてもいいのですが、作業会中に雑談をしてもいいことになっています。

こういった**雑談の場を設けないと、リモートワークだけで回っている会社では、なかなか新しいアイデアが出てきづらいものです。**このように意図的に雑談をすることを、私は「戦略的雑談」と呼んでいます。

決算情報を公開する

ここまでいろいろとグラデーション組織にする方法を書いてきましたが、私はこれらを実践することにためらいがなかったわけではありません。むしろ、ためらいながら一歩ずつ進んできました。

たとえば情報公開についてもそうです。中でも、決算情報を公開するときには、私もかなり心理的な抵抗がありました。そして、その感情は今でも多少あります。

多くの会社の経営者に聞くと、「個人の報酬（給料）を公開することが、もっとも抵抗がある」と言うのですが、私は決算情報の公開のほうにより抵抗がありました。

よく言われるように、決算書は経営者にとっての通知表のようなものです。「決算書に書かれていることがすべてだ」とはもちろん思いません。それでも、１つの評価として、それは正しいと思っています。

小学生のときに、自分の通知表を学校の掲示板や廊下に貼り出すような児童はまずいないと思います。しかし経営者になると、決算書の公開が求められてしまうわけです。

これはなかなか恥ずかしいもので、私にとっては自分の本棚を晒すのと同じぐらい恥ずかしいことでした。自分の浅学《せんがく》さが出てしまうからです。同様に、決算書は起業家としての器が見えてしまいます。

私たちがグラデーション組織として、チーム内に情報を共有するにあたり、「毎月の会計の資料を出してほしい」と言われたときには、私は一晩悩みました。こんな情報を出して良いものだろうかと考えたのです。

もともとそんなに大きなチームで運営することは考えていませんでしたし、特に創業して間もないときはお金の使い方がかなり大雑把でした。いや、今でも大雑把かもしれません。たとえば友人の経営者と食事に行った料金も、全然気にせず経費で落としていたこともありました。

もちろんそれは節税の範囲内であり、合法であることを税理士に確認してはいたのですが、何かそういったことが明るみに出てしまうのには恥ずかしい思いがあったわけです。

ところが、**会計情報を共有することによって恥ずかしい思いをするのは、私だけだと気**

づきました。

確かに自分1人でやっていたときは自分の結果だったかもしれませんが、組織として動くようになってからは、組織の結果としての数字が出ているからです。

このことをきっかけに、セルフイメージがそこで広がるような思いがありました。それまでは、**決算書は「自分」の結果だと思っていたのですが、公開したことでチームが活性化したので、これは「自分たち」の結果なのだと思えるようになった**のです。

このように、実際やってみて、やっと腑に落ちることもありました。

ここまで読み進めてきて、「こんな組織論は理想論だ」「自分にはできない」と思われたかもしれません。少なくとも昔の私ならそう思っていたことでしょう。

この本で紹介した施策を一度に取り入れることは難しいかもしれません。まずは参考にしながら、取り入れられそうなところから、少しずつ実践してみてください。小さく実践してみて、腑に落ちるところからしっかり取り組んでみると良いでしょう。

たった1つを取り入れるだけでも、組織が大きく変わることをお約束します。

第5章

チームは善意でできている！チーム運営の考え方

責任感とお金で人を釣らない

第5章では、私がどのような意図を持ってチームを動かしているのか、チーム運営に携わっているのかについてお伝えしていきます。特に前提となる知識や考え方を共有していきます。

テクニックやノウハウは時代が変われば陳腐化しますし、会社によって文化がちがうため合わない場合もあるからです。また、ツールなどは、それを使いこなすチームメンバーの性格や能力によって決まってしまいます。

実は、本書で一番お伝えしたいことは、この5章の内容です。

私がチームの中でもっとも大切にしているものの1つは、「内発的動機付け」です。**「内発的動機付け」とは、自分の内側から湧いてくるやる気のことです。**「誰から何も言われなくても」貢献したい、成長したい、達成したいといった気持ちです。

その対義語は「外発的動機付け」です。これはアメとムチのように外から与えられて生まれるやる気です。お金や名誉がほしい、怒られたくない、誰かを落胆させたくない……などの気持ちです。

なぜ内発的動機付けを私が大切にしているかというと、**内発的動機付けで行動したほうが、パフォーマンスが高くなる**からです。そして、本人の満足度・幸福度も高いのです。

私たちのいろいろな感情のうち、「達成感」はあっという間に冷めてしまうものです。何かを達成した瞬間は大きな喜びを感じます。しかし、その感動はすぐに忘れ去られてしまい、その効果は数日と持ちません。

一方で長続きするのが「フロー」と呼ばれるものです。これは内発的動機付けの1つで、時間を忘れて何かに没頭している状態をさします。この状況を作ることのほうが重要なのです。

私がプロジェクトに入るときには、そのプロジェクトメンバーが常にフローを感じるように腐心します。そうすることで、アメとムチといった外発的動機付けよりも楽しく働けて、かつパフォーマンスが上がるのです。

また、**内発的動機付けで働いている人は仕事そのものが報酬になっている状態**です。たとえば私はマーケティングの仕事が好きですが、マーケティングの仕事をしているときは、それそのものが楽しい。お金をもらわなくても、趣味のように楽しむことすらできる。それでさらにお金までもらうのですから、「こんな楽しいことで、お金までもらっていいの?」とさえ感じるわけです。

一方で、昔、「仕事の報酬はお金」と感じて働いていたときは、仕事そのものは楽しくありませんでした。「苦役の対価としての報酬」とか「仕事の我慢料としてのお金」と考えていたからです。

そのときの仕事のパフォーマンスは今よりも低かったですし、収入も今よりも低かったのです。考え方を変えるだけで、人生が変わりました。私はそんな人を増やしたいと思って、起業支援のコンサルティングをしています。

誤解のないようにお伝えしておくと、どんな仕事でもどんな職場でも、「仕事の報酬は仕事」になるわけではありません。そして、ブラック企業で働いていても、「考え方を変えれば楽しくなる」と言っているのでもありません。

人の才能や性格は十人十色なので、自分に合わない職場や職種だと、「苦役の対価としての報酬』とか「仕事の我慢料としてのお金」になります。それは仕方ないことです。

大切なのは、自分や他人を外発的動機付けファーストで動かさないようにすることです。

- オフィスの綺麗さ、高収入、労働時間の短さ、会社の有名さを重視しすぎない
- お金というアメで、やりたくない仕事をやらせない
- 責任感というムチで、難しいプロジェクトをやりとげさせたり、嫌な仕事をさせたりしない

私がご提案申し上げたいのは、自分や他人に対し、外発的動機付け以上に内発的動機付けを重要視することです。

- 自分が本当に貢献したいと思っているお客さんや取引なのか
- その分野において成長したいと考えているのか
- 自分の価値観と会社の理念は共鳴しているのか

多くの人が軽視していますが、心の声に耳を傾けることが最初の一歩です。

平等から公正へ

多くの人は会社において「平等」を求めます。しかし、私はそれが、いいことだとは思いません。**「平等」よりも「公正」のほうがいいと考えているからです。**

「平等」とは、たとえば「すべての人が同じ報酬を得ている」とか、「すべての人が等しい待遇を受ける」ことです。「平等」を辞書で引けば「かたよりや差別がなく、みな等しいこと」と載っています。

たしかに、差別がない点については諸手を挙げて賛成します。しかし、みなが等しくなれるのでしょうか？　私はそうは思いません。

人によってパフォーマンスの高い人もいれば低い人もいます。そのチームに貢献している人もいれば、貢献していない人もいますね。全く平等の報酬額にしてしまうと、組織に貢献している人は、不満に思うでしょう。

特に情報時代では、パフォーマンスが高い人と低い人の差は顕著になります。マイクロソフトの創業者であるビル・ゲイツは次の言葉を言ったとされています。

「優秀な旋盤工の賃金は平均的な旋盤工の数倍だが、優秀なソフトウェア・プログラマーは平均的なプログラマーの1万倍の価値がある」。

体を動かす仕事であればパフォーマンスに数倍の差しか生まれないので、すべての人に同じ賃金を払ったとしてもそこまで問題にはならないかもしれません。古式ゆかしい業種において、社員間の賃金格差が少ないのはこれが理由です。

しかし、パソコンですべてが完結する仕事の場合は、最大で1万倍の差が生まれます。その状態で、全員を同じ賃金に設定すれば、不公平感が生まれます。ですから、情報時代の最先端の仕事ほど、賃金を平等にするのは難しくなっていきます。

では「公正」とは何でしょうか。辞書によれば「判断や処理などが、かたよっていないこと」です。会社の報酬という文脈で言えば、自分がやったことが、しっかりと認められることですね。

宝くじを例にお話しします。

これは、私が私淑している進化心理学者のスティーブン・ピンカーの言葉です。名著『21世紀の啓蒙』の著者です。

彼が伝えていることの1つを私なりに解釈すると、「宝くじは公正だからこそ面白い」ということです。

たとえば宝くじを買って、すべての人に同じ金額が当たるとしたら、全く面白くありません ね。それは平等な宝くじでしょう。けれども、そんなものを買う人は1人もいないでしょう。これだと銀行の利息と同じになります。

では「公正な」宝くじとは何でしょうか。まさに今ある宝くじの姿です。しっかりとしたルールがあり、そのルールにのっとって当選が決まる。当選者には事前に決められていた当選金額が支払われる。

まさに公正ですね。このように公正だからこそ、人は宝くじを買うのです。


もしも公正ではない宝くじがあったとしましょう。

たとえば、年齢が高ければ高いほど、宝くじが当たりやすいとしたらどうでしょうか。そのことが一般には公開されていなかったとしたら、公正ではありませんよね。

あるいは、女性だという理由で当選後に当選金額が減ってしまったとしたら？　あるいは、結婚して出産した女性の宝くじの当選金額が下げられてしまったとしたら？

実は、これが世の中の、差別的な会社で実際に起きていることです。年齢が高いだけで報酬が高くなり、女性というだけで報酬が低くなる。さらに結婚して出産でもしようものなら、つまはじきされる。

そんな会社では、働く人のモチベーションは下がってしまうと私は考えています。

このように考えると、**組織において平等と公正は同時に成立させることが非常に難しい。**では、平等と公正でどちらを優先するかは、その組織の業種次第です。

少なくともエッセンシャルの場合は、かなりウェブを使う仕事なので、働いているすべてのチームメンバーに平等な報酬を支払うことは難しくなります。このような前提が、報酬を決めたり、チームの細かな考え方に反映されたりしています。

このように、時代の最先端の業種ほど、平等という共同幻想（虚構）では優秀な人を惹きつけ続けるのは難しくなっていきます。なぜなら、グーグルのように報酬をたくさん払おうとする公正な外資系企業がたくさん出てくるからです。

自分の報酬は自分で決める

私たちは、自分の報酬は自分で決めるようにしています。

4章で、「すべてのメンバーが、どんな意思決定でもできる」と、お伝えしましたが、自分の報酬額についても例外ではないのです。

報酬額は、次のようなステップで決定します。

まず本人が希望額を伝え、それに対して他のメンバーから助言をもらいます。その後、報酬額を自分で最終決定する。とてもシンプルなステップです。

と言っても、イメージがわかないと思うので、実際にあった事例をご紹介します。

ステップ1. あるチームメンバーが提案した内容

「数値管理シートの設計&作成、保守管理、各指標の計算自動化……プロジェクトの入金額（売上）の1・5%を報酬としたい」

ステップ2. 他のチームメンバーが助言した内容

「数値管理シートの設計&作成と保守管理などはバックオフィス業務（事務）ですよね？

バックオフィス業務では、売上連動の成果報酬は一般的ではないと思います。それは、売上にレバレッジがかかる内容ではないからです。設計＆作成は固定の初期費用、保守管理は固定報酬または時給での報酬などが一般的ではないでしょうか？」

ステップ3. 最終決定した報酬の内容

「●数値管理シートの設計＆作成：10万円
●保守管理：３万円（月額５０００円×６か月）
●各指標の計算自動化：５万円」

大切なことは、最初に金額を提示したのちに、他のメンバーが率直に助言すること。そして、自分の報酬額を提案したメンバーがその助言を真摯に検討することです。そのプロセスさえあれば、どんな報酬でも決めて良いことにしています。

したがって、報酬額には個人差があります。人によってパフォーマンスが大きく変わるからです。

一方、報酬を時給制や固定給にするほうが妥当な業種もあります。以前、会社見学をさせていただいた伊那食品工業がその例です。

伊那食品工業は寒天の商品開発が非常に優れており、日本でもトップクラスの企業です。このような、研究がベースになっているようなビジネスは、成果報酬型にしてしまうと逆にうまくいきません。研究職は、職業人生の中でたった1度、大ヒット商品を出すことでさえ難しいからです。研究の成果は、その人の頭の良さや努力の差もあるでしょうが、運によるところも大きいものです。

そんな状況で成功報酬にしてしまうと、得られる報酬額にあまりにも差が出すぎてしまいます。幸運にも大ヒットを出せた研究職の人だけが高い報酬を手にでき、それ以外の人はとても低くなってしまうのです。

私のチーム内では報酬額にかなりバラつきがありますが、それはあくまで人によってパフォーマンスが大きく変わり、かつ運の要素が少ない業種だからこそです。他の業種で、この方法が必ずしも当てはまるとは限りません。

社員は家族ではない

私の業種においては、「社員は家族ではない」と考えています。それは、私たちの仕事の主軸が、変化が激しいウェブマーケティングの仕事だからです。家族の面倒を見るように、チームメンバーの面倒を生涯見れる自信が私にはありません。

古くからあるような業種や、何十年経っても存続しそうな業種なら、将来を予測することができるのかもしれません。たとえば、前述した寒天の伊那食品工業のような業種です。そういった会社なら、家族のように社員の面倒が見れるかもしれません。

さて、iPhoneを最初にアップルが発表したのは2007年でした。その後たった10年で爆発的に普及しましたね。アップルではパソコンよりもiPhoneのほうが大きな売上を占めるようになりました。

iPhoneなどのスマートフォンの普及に伴い、たった10年で私たちの消費の仕方も大きく変わりました。今では、スマートフォンなしでどうやって生活するのか、イメージすらできません。

そう考えると、**10年後の未来がどうなるのか、私には全く予測できません。**10年後に私たちの会社が存続しているかどうかも、わかりません。

「社員は家族だ」と、定年まで面倒を見る会社もあります。それは素晴らしい理想だと感じます。しかし、今やそういう会社のほうが特殊でしょう。私にはとても真似できません。

10年後の予測さえできないのに、(大卒の新入社員が定年になった)約40年後の未来を予測するなんてできるわけがないからです。なぜなら、エッセンシャルがいるのは変化が激しいウェブの世界だからです。


最近は、トヨタのような大手企業ですら、「定年まで社員の面倒を見ることはできない」と社長が発言しています。それは当然のことでしょう。自動運転車が台頭してきている今、トヨタでさえも未来が予測できないからです。

トヨタは「トヨタ自動車大学校」を全国に3校経営しています。学費無料の自動車整備士専門学校です。おそらくそれらはなくなっていくでしょう。トヨタの子会社も、将来的にはほとんどなくなるかもしれません。

電気自動車(EV)の時代になると、部品数が現在の半分から3分の1に減ってしまうと言われているからです。パワーウィンドウやワイパーなどはおそらく引き続き使われますが、ガソリンエンジンの部品などはなくなってしまうでしょう。

トヨタに限らず、今の世の中はそんな状況なのです。
もちろん、今の時代でも、社員を家族のように扱う会社もあります。それを望む人はそういう会社を選ぶことでしょう。それはそれで問題はありません。

ただ、**世の中の変化が激しいことに加え、個人が労働者として働ける年数のほうが、会社の平均寿命よりも長くなっている事実もあります。**

今は日本の年金が破綻の危機を迎えており、払った金額以上に年金をもらえないかもしれません。また医療技術の発展によって人生１００年時代を迎えます。この状況では、ほとんどの人は「生涯現役として働く」選択肢をとらざるをえなくなります。

そうすると、20歳の若者は、１００歳になるまで80年間働くことになります。
80年先を予測するのも、会社を80年存続させるのも、非現実的です。

ステークホルダーとの距離を近づける

経営学の用語で、ステークホルダーと呼ばれる概念があります。これは利害関係者という意味で、簡単に言うと、会社に関わるすべての人たちのことを指します。
具体的には、株主・社長・社員・取引先・同業他社・私たちを取り巻く日本や世界・地球環境などのことです。

私はできる限り、関わるステークホルダーの数を増やし、お互いの距離を近づけようと考えています。こうするほど、摩擦が減り、持続可能性が高くなるからです。

ここで、近所にあるカウンター席が8席ほどの小さなラーメン屋さんをイメージしてみてください。

店舗のスペースが狭いので、常連客が店員の代わりに水を注いであげたり、食器の片付けを手伝ったりしていることがあります。

店員が「いつも手伝ってくれてありがとうございます」と感謝を示せば、常連客は悪い気はしないどころか、喜んでくれるでしょう。それどころか、「この店は、俺がいなくちゃ回らない」と感じて、ますます通い詰めるかもしれません。

そういう常連客がいるラーメン屋さんは、急に休みになっていても特に問題視されません。店先に「本日休業」と1枚の貼り紙をしておけばいい。店に来た客は「そうか、今日は休みなのか、残念だなあ」と感じるだけです。

随分とゆるい印象を受けるかもしれません。これは、店員と客の距離が近いからこそ、成り立つことです。摩擦が起きにくいのです。逆に、距離が遠ければ遠いほど、手間がかかったり摩擦を生んだりしやすいのです。

私の家の近くに、どこにでもあるようなコンビニエンスストアがあります。たまたま清掃が入るらしく、普段は24時間営業のところ、夜間に閉店する日がありました。

その際、休業する1週間ほど前から「●月●日　午前●〜●時　清掃のために閉店します」と貼り紙が貼ってありました。つまり、そこまで丁寧に断りや説明をしておかないと、苦情が出てしまうということでしょう。それぐらい客とコンビニエンスストアの距離が遠いのです。

ここで重要なことは、お互いの距離を近くしようとすることだと私は信じています。

お客さんとの距離を近くするために私たちが意識しているのは、グラデーションにすることです（そして、これがグラデーション組織の名前の由来です）。

チームメンバーとお客さんの境界線がパシッと引かれているのではなく、グラデーションのように滑らかで地続きな状態です。「どこからどこまでがエッセンシャルのチームメンバーで、どこからどこまでがお客さんなのか」の境界線が曖昧なのが理想です。

たとえば、エッセンシャルでは不定期でセミナーをしていますが、その際には、お客さんにも椅子や机の配置などを手伝ってもらうこともあります。ラーメン屋さんが常連客にお水を注いでもらうのと同じです。

そうすることによって、お客さんとの関係性が近くなります。お客さん自身も、そこでより深いつながりが得られたり、楽しい会話をしたりすることができます。

ある意味では、プロっぽさはなくなるかもしれません。しかし、それによって、コストをかけずにスピードを持ってチームを回していくことができます。また、お客さんが過剰な品質や完璧さを求めなくなるので、こちらとしても気が楽なのです。

株主との関係もグラデーションにすることは重要です。

私たちはチームで未来工業の見学に行ったことがあります。そのときに見学者の1人がこんな質問をしていました。

「未来工業さんは素晴らしい会社ですね。売上至上主義ではなくて、本当に良い文化を大切にして、ゆっくりと成長されているように感じられます。気になったのですが、未来工業さんは上場されているので、株主から『会社の成長スピードが遅い』と指摘されることはないのでしょうか」。

その質問を聞いて、「確かに、そこは気になる！」と私も感じました。上場企業と、その株主は距離が遠く、理解し合うことが難しいからです。

未来工業の人はこのような回答をしていました。

「私たちは会社のスタンスを常日頃から発表し公表しています。だから私たちの株主は、そんなスタンスも含めて、私たちの会社を支援したいと思ってくれている人たちなのです」。

実に素晴らしいですよね。この回答を聞いたときに、私は雷に打たれたかのような衝撃を受けました。**「上場していても、株主と会社の距離を近づけて、グラデーションにすることが可能なのだ」**と気づかされました。

多くの株主が株式投資の際に求めることは、何よりも「より早く、より大きなリターン」でしょう。なぜなら、会社と株主の距離が遠いからです。会社のことをよく知らない、その会社の文化もよくわからないのであれば、「私のお金を早く大きく増やしてほしい」という欲求しか生まれないでしょう。

つまり、**人は距離が離れれば離れるほど意地悪になります。一方で相手のことを理解し、相手との距離が近くなるほど、善意が生まれます。**未来工業は、自分たちのスタンスを日頃から情報公開することによって、株主との距離を近くしようとしていたのです。

取引先や同業他社なども同様です。情報公開を続けたり、こちらからお願いしたりすることで距離を近くすることができます。それによって、お互いに助け合う関係を作れるのです。

できる限りステークホルダーとの距離を近くすることで、善意が増えてビジネスをしやすくなります。

距離を近づけるメリット

ここまで読んでいただいて、あなたはこう疑問に感じるかもしれません。

「ステークホルダーとの距離が縮まれば善意が増える、というのはわかった。じゃあ、それによって、私のビジネスにどんなメリットがあるの?」と。

そこで、「**ステークホルダーとの距離が近くなって、境界線がグラデーションになることによって得られるメリット**」を3つご紹介します。

1つ目は**コストが下がる**ことです。たとえば大きな企業間で取引をする場合、先方のことを全く知らないと取引コストが大きくなります。

先方のことを知っていそうな人にヒアリングをしたり、帝国データバンクなどで先方の情報を調べたりと、さまざまなコストがかかります。また、「やり取りで騙されないように」と、契約書を結ぶ際にしっかりとチェックすることになるかもしれません。

しかし、先方が情報公開をしていて、素性がよくわかっている場合はそういったコストが下がるのではないでしょうか。距離が近くなると疑心が減って、善意が残るからです。

企業間の取引だけでなく、お客さんに何か商品を買ってもらうときも同様です。あなたの会社を知らなければお客さんは疑心が強くなります。「この会社は本当にしっかりとした会社なのかな？」と眉にツバをつけて接してくるかもしれません。

しかし、あなたの会社がいろいろと情報公開をしていれば、お客さんが商品を買ってくれるときのハードルが下がります。たとえば、「社歴がこんなに長いのは、しっかりとした会社なのかな」などと思ってくれるからです。

続いて、距離が近づくほど**スピードが上がる**メリットがあります。

たとえば私は、取引先によっては契約書を全く交わさずにビジネスをしている相手がいます。単純にもう10年来の友人で、気心が知れているからです。騙されるかも……といった不安がなく、お互いがお互いのことを考えてビジネスをしていく形になっています。契約書を交わさなくてもよいくらいの関係になると、本当にスピードが速いわけです。

取引先との間だけでなく、お客さんとの間でも同様にスピードアップします。

エッセンシャルのサービスに満足してくれているお客さんは、私たちが違うサービスをリリースしたときにすぐに申し込んでくれることがあります。「『エッセンシャルの商品だから、間違いないよね』と思って、すぐに申し込みました」と言ってくれるのです。

最後に、これがもっとも重要なのですが、「**感謝が増える**」ことです。

チームメンバーは当然として、「お客さんや取引先などのステークホルダーから信頼されている」とビジネスで感じるときは、起業家として本当に冥利に尽きる思いです。「自分はこういった人たちのお陰でビジネスが成り立っている。本当にありがたいな」と感謝の気持ちが出てくるからです。

「エンドユーザーに接するとやりがいが増す」ことは前述したとおりですが、ステークホルダーから感謝されることでも、仕事のやりがいが増すように感じます。

組織内で生まれるお金については決算書で計れますが、組織内で生まれる感謝は決算書で計れません。グラデーション組織にすることで、貨幣経済だけでなく、感謝経済も回すことができるようになります。

このように、**ステークホルダーの距離が近くなると、コストが下がり、スピードが上がり、感謝が増えるのです。**

二重関係のもつれをほどく

ここまで読むと、「ステークホルダーとの距離を近くするのは、いいことばかり」のように思えるかもしれません。しかし、そうとも限りません。一方で人間関係が複雑になることも知っておいてください。

私たちのチームはグラデーション組織で、ウチとソトの境界線がかなり曖昧になっています。そうすると普通の会社では起こらないような問題が起こってきます。

その1つが二重関係によるもつれです。

「二重関係」とは心理学用語の1つです。たとえば臨床家（カウンセラーやセラピスト）と、クライアント（カウンセリングやセラピーを受ける人）が、親友や恋人になるなどです。臨床の関係が一重目で、親友や恋人が二重目です。

心理学の世界では、二重関係を持ったままカウンセリングやセラピーをしてはいけないという暗黙のルールがあります。カウンセリングやセラピーが難しくなるからです。親友や恋人になってしまえば、その関係が崩れるのが怖くて、厳しいことを言いにくくなってしまうかもしれません。あるいは、本当であれば女性のクライアントを自立させる必要があっても、男性のカウンセラーは自分に依存させてしまうかもしれません。

グラデーション組織ではウチとソトの境界線が曖昧なため、こういった二重関係（あるいは三重以上の関係）が生まれやすいのです。

たとえば私たちのチームメンバーとお客さんは関係性が強くなるので、良くも悪くも友達のような関係になりがちです。すると、二重関係が発生します。

場合によっては、その友達に、何か商品を売るシチュエーションも出てきます。普段であればコンサルティングで有料でしか伝えていないような機密情報を、友達だからと無料で教えてしまう……なんていうことも起こり得るわけです。

お金をいただいたら友達関係が壊れるかもしれず、無料で教えてあげたら顧客関係が壊れるかもしれません。難しい状態です。

二重関係によってトレードオフ(「あっちを立てればこっちが立たず、こっちを立てればあっちが立たず」という利益の相反)が生まれてしまいます。

これがグラデーション組織の難しいところと言えるかもしれません。この「二重関係のもつれ」はどのようにほどけばいいのでしょうか?

ポイントは、二重関係ができたときには、そのことを他のチームメンバーにきちんと情報共有して、助言を仰ぐことです。また、二重関係になっている相手に対しても、そのことをしっかりと説明することです。

チームメンバーの助言を受けて、二重関係のもつれがほどけ、よりよい落とし所を見つけられればベストです。ですが、どうしても二重関係がほどきにくい場合は、二重関係が発生しないようにしてあげる場合もあります。

具体的には、セールスパーソンがそのお客さんの担当から外れ、別のセールスパーソンが担当になるなどです。心理学用語では、これをリファー（別の専門家を紹介すること）と言います。

グラデーション組織はウチとソトが曖昧な形状から、どうしても二重関係が生まれやすいので、もつれには気をつける必要があります。

会社のモラルは視点の高さで決まる

「モラルが高い会社」または「モラルが低い会社」という表現があります。会社のモラルについて一般に語られていることは、法律を守っているか否かですね。法律スレスレでビジネスをしている会社はモラルが低いと言われます。たとえば、何回もリコール隠しをしているような会社は、当然モラルが低いと言えます。

ただ、モラルの高さを、法律的に合法か違法かだけで語るのは、非常に視野が狭いです。なぜなら、「信号無視はいけないことだ」など、合法か違法かを語るだけなら小学生でもできるからです。

もっと視野を広くするにはどうするかというと、自社に関わる多くのステークホルダーの視点を取り入れることです。すなわち、株主・社長・取引先・顧客・業界・日本・未来・地球環境などのことです。**企業のモラルを語るときには、できる限り多くのステークホルダーのことまで考慮したい。**

昨今問題になってきているのは、違法ではないが、ステークホルダーの事を考えたら、マイナスになっているシチュエーションです。

たとえば洋服を作ることを考えてみましょう。服を作ることは法律の範囲内では全く問題ないはずです。ただよく知られている通り、服を作ることは地球環境を破壊していることでもあります。

服を染める染料が河川を汚染しているからです。たった1枚のTシャツを作るだけでも1、000リットル以上の水が必要だと言われています。これだけでも実に多くの問題を起こしています。

合法かもしれませんが、地球環境のことを考えたらモラルが低いと思いませんか？　できる限り水質を汚染しないように洋服を作っている会社があるとすれば、その会社はモラルが高いといえます。

これは私たちのビジネスでも同じです。自分の会社だけが儲かればいいのではなく、お客さんにしっかりと価値を感じてもらえるのか、業界にとってプラスになるのかなど、ステークホルダーのことをできる限り考えるようにしています。

チームとは誰のものか

私が会社を今のようなグラデーション組織にしている前提には「**会社は株主のものではない**」という強い信念があります。そう書くと「いやいや、会社は株主のものですよ。会社法でもそう規定されています」と思うかもしれません。しかし、私はそうは思いません。法律的に合法だからといって、それが世の中にとってプラスになるとは限らないという話は前述したとおりです。

法律が作られるときに、関係するすべてのステークホルダーのことが考慮されているわけではありません。未来のことは想定できずに法律が作られていることがあるのです。その点で、「会社は株主のものだ」という法律のままにしておくと、世の中のゆがみが大きくなると私は考えています。

前述したとおり、アパレル産業は水を汚染していて、石油産業に次いで2番目に環境を破壊している業界だと言われています。

これは国連貿易開発会議の調査データですが、ファッション業界は全世界のＣＯ２の排出量の10％をも占めています。現状の法律では服を作ることは合法です。しかし、それによって温暖化が進んだら、そのツケをアパレル産業が払うのでしょうか。

日本の環境省が公表しているデータでは、２１００年には日本の平均気温は40度を超え、現在のインドのニューデリーよりも暑くなります。

それだけではありません。温暖化で成長した台風の最大瞬間風速は90ｍ／秒があたりまえになり、台風の進路上にある木造家屋は根こそぎ消滅するようになります。

この90ｍ／秒という風速は竜巻のような風速です。アメリカの国立気象庁の発表では、「90ｍ／秒だと建物が基礎からすべてさらわれていく」とあります。車でさえもミサイルのように上空１００ｍを飛んでいきます。たとえ鉄筋コンクリート造だったとしても、ひどい損害を被ります。

私はこれを「２１００年の台風ガチャ」だと考えています。つまり、たまたま運悪く台風の進路上に家を持っている人は家が消滅するのです。

そうしたら、２１００年を生きる私たちの子孫は誰に台風ガチャの損害を賠償請求すればいいのでしょうか。

毎年来る台風ガチャの損害を賠償し続けられるようなお金を持った会社はないはずです。また、そもそも今あるアパレル産業の会社が潰れてしまっていたら、２１００年の人たちは損害賠償を誰にも請求することはできません。

台風が来るたびに、その進路上に住んでいる人が大勢亡くなるでしょう。そこにある産業も壊滅します。しかし、そのツケは誰にも払えないことでしょう。

このように、今の法律のままいけば、社会はおよそ持続可能ではありません。未来の人たちにツケを払わせることを前提に、自分たちが利益を得ているような状態なのです。

「会社は株主だけのもので、今の株主の利益さえ上げればどうなってもよい」という考え方では、持続可能な社会にできるとは私には全く思えません。

ステークホルダーのうち、取引先や社員は搾取されたら文句を言うことができますが、地球環境や未来の人たちは搾取されても文句さえ言えないのです。

だからこそ、「会社は株主の所有物である」という会社法そのものがおかしいと感じています。グラデーション組織では、「会社はステークホルダーの所有物になる」ので、少なくとも今よりは持続可能な社会に近づくはずです。

株主資本主義はバブルと貧困を作る

現行の株主資本主義のままでは環境破壊が進むことはお伝えしました。実は問題はそれだけではありません。株主資本主義はバブルと貧困を作り出すのです。

株主資本主義とは、会社法で制定されているように、「会社は株主の利益を最大化させる」考え方のことです。

世界規模の金融危機を引き起こしたリーマンショックは、株主資本主義によって引き起こされました。

株主の利益を最大化するために、法律の範囲内でサブプライムローンを組むことによって、アメリカでは低所得者の自己破産が増えました。サブプライムローンが破綻したことによって、リーマン・ブラザーズも破綻し、連鎖的に世界経済を混迷させました。

株主の利益を最大化しようとすると、とどのつまり金融の力で何とかしようとすることになります。リーマンショックの解決策は財政出動でした。

つまり、日本やアメリカを初めとする各国が、じゃぶじゃぶとお金を大量に刷ることによって株式市場にお金を流し、問題を先送りしたのです。それによって経済は、なんとか最悪の状況から（一時は）逃れました。

しかし、問題は解決したわけではなく、むしろさらに金融破綻のリスクが大きくなっています。株式市場の流動性が高くなっているからです。

川をイメージしてみてください。昔の株式市場は、小川のような状態でした。この川の水量は、株式市場に流れ込んでいるお金の量を指します。

小川の堤防が決壊しても、近くの町が水浸しになる程度で済むかもしれません。けれども今の株式市場は、大量に刷ったお金が流れ込み続けた結果、大河になっています。それが氾濫してしまったら、街ひとつを吹き飛ばすような大洪水になってしまいます。

現在は、ちょっとした問題でも、株価が暴落してしまうのです。アメリカではサーキットブレーカー（暴落を防ぐために取引を停止する措置）が設けられています。ですが、2020年の新型コロナウイルス禍ではサーキットブレーカーが4回も発動しています。過剰な流動性により暴落やバブルの崩壊が起こりやすくなったのです。

2020年に新型コロナウイルスの問題が起こり、その対策のために日本もアメリカも大量にお金を刷りました。その金額はリーマンショックのときの比ではありません。そのお金が行き場をなくし、さらに株式市場に流れ込んでいるのです。

このままお金を刷り続ければ、いつかはそのバブルが崩壊してしまうことになるでしょう。結局世の中全体から富が失われてしまうことになります。

また、**株主資本主義のせいで貧困も増加しています。**

コロナショックで、働く人の多くは収入が減ったり、職を失ったりしています。その対策に、日本ではすべての住民に10万円の特別定額給付金が給付されました。しかし、勘違いしてはいけません。あれは、ただでお金をもらえているわけではありません。私たちの将来納める税金からいずれ返済されることになるでしょう。

3・11の震災直後から、復興特別税として私たちはその分多く税金を払っています。このような形で、特別定額給付金は将来私たちがいずれ納める（返済する）ものです。決して10万円のプラスになっているわけではありません。

こうして、働いている人のほとんどは、新型コロナウイルスによって資産がマイナスになっていくのです。

ただ一方で、資産家など、コロナショック前から株式などの形で資産を持っていた人たちは、大きく資産を増やす結果になっています。理由は、政府が刷ったお金が株式市場に流れ込んで、株価が上昇したからです。

このように**株主資本主義はバブルと貧困を作り出します。**そして貧困が激しくなるとアメリカのようになってしまいます。医療費が高くて病院にも行けない、まともに暮らせない、そういう人が増えて暴動が起こるような状況です。

なんとかこの流れを止める必要があります。会社法に基づいて株主の利益を最大化してばかりでは、つらい人を増やし続けてしまい、私たちの先行きは暗いものになってしまうでしょう。

だからこそ、**組織に関係する多くのステークホルダーが豊かになるような社会にしていきたい。**株主資本主義ではなくても成立できる組織の1つのモデルケースとして、エッセンシャルを運営したいと、私は考えているのです。

おわりに

ポストSDGsを目指して

SDGsという言葉が、広く話題にのぼるようになりました。これは国連サミットで採択された持続可能な世界を目指すための2030年までの目標です。

SDGsは、17のゴールと169のターゲットから構成されています。現在は、地球上の「**誰1人取り残さない**（leave no one behind）」ことを掲げています。おそらく2030年まではこの目標に向かって活動が行われるでしょう。その後、もしSDGsが達成できたらポストSDGsとして、国連は次の目標を決めると思われます。

「誰1人取り残さない社会にしよう」の次のフェーズがあるとしたら、「**より多くの人が自己実現をする社会**」なのではないかと感じています。

人が生きていくための十分な収入が得られたり、セーフティネットができたりした後には、多くの人が自己実現を願うのではないでしょうか。

その「自己実現」は、ひとりひとり違う。さまざまな形があっていいのです。起業家になりたい人は、起業してもいい。会社員を望む人は、どこかの会社やチームで自己実現してもいい。

ただ、今の日本の多くの会社は、社長は自己実現できても、社員が自己実現をするのは難しい。実際、正社員という理由だけで、搾取される環境もあります。

これからは、多くの人が自分の才能を活かして、世の中に好影響を与え貢献する、そんな社会になればいいと願っています。そのときに、自分が好きなことにチャレンジできたり、自分の報酬が自分で決められたりするような環境なら、さらにいいでしょう。

私が好きな言葉に「百花繚乱」があります。

辞書を引いてみるとわかりますが、この言葉は2つの意味を持っています。1つ目の意味は「さまざまな花が咲き乱れる」ことで、これはあなたもご存知でしょう。あまり有名ではない2つ目の意味は「一度に多くの才能が世の中に出る」ことです。私がお伝えしたいのは、まさにこの2つ目の意味なのです。

ポストSDGsは、多くの人が自己実現をする、まさに百花繚乱の時代になるのではないかと予想しています。

そのモデルケースの1つとしてエッセンシャルの考え方を取り入れて、パフォーマンスを高めながら、ステークホルダーの幸福度が高まる会社が増えていけばいいと心から願っています。

私は「百花繚乱の世界を広げていこうとする、1人のドン・キホーテでありたい」と思ってこの本を書きました。

本書を読んでくれたあなたにも、一緒に、たくさんの人の才能が咲き誇る「百花繚乱」の社会を作っていってもらえるとしたら、こんなに嬉しいことはありません。

相馬一進

相馬 一進（そうま かずゆき）

起業支援コンサルタント、教育事業家。大学卒業後、百貨店で集客に携わる。TBSなどのメディアで紹介され、社内表彰を受けた。独立して起業するが、11業種で失敗。「起業成功のカギは集客にある」と悟り、企業の集客支援を始める。ダライ・ラマ14世や、スティーブン・R．コヴィー博士、リチャード・ブランソン、有森裕子などの講演会の集客を次々と成功させ、1億円超の売上を達成。現在はマーケティングや心理学をベースにしたコンサルティングやセミナーをしている。過去のクライアントは200業種以上にのぼる。世界で上位2%のIQ所有者のみが入会できるMENSAの会員。趣味は投資。

ブックデザイン　大悟法淳一・秋本奈美（ごぼうデザイン事務所）
執筆協力　金田千和・杉浦由佳
企画協力　インプルーブ 小山睦男
編集　岩川実加

ぼくたちに、もう社員《しゃいん》は必要《ひつよう》ない。
ひとり社長《しゃちょう》のビジネス拡大戦略《かくだいせんりゃく》

2021年4月30日　初版発行

著　者　相馬 一進
発行者　和田 智明
発行所　株式会社 ぱる出版
〒160-0011 東京都新宿区若葉1-9-16
03(3353)2835 — 代表
03(3353)2826 — FAX
03(3353)3679 — 編集
振替 東京 00100-3-131586
印刷・製本　中央精版印刷(株)

ISBN978-4-8272-1274-7 C0034